Conozca Más su Fe Católica

Padre Pedro Núñez

Conozca Más su Fe Católica

EWTN Publishing, Inc.
Irondale, Alabama

Diseño de portada e interior por LUCAS Art & Design, Jenison, MI.

Arte de la portada por EWTN.

Los pasajes de las Escrituras han sido tomados
de *La Biblia Latinoamericana* (2004).

EWTN Publishing, Inc.
5817 Old Leeds Road, Irondale, AL 35210

Distribuido por Sophia Institute Press,
Box 5284, Manchester, NH 03108.

Edición de bolsillo ISBN 978-1-68278-362-7
Libro electrónico ISBN 978-1-68278-363-4

Primera impresión

Contenido

Nota del Autor

Muy apreciado lector:

Es mi esperanza que este pequeño libro sea de apoyo para usted en el desarrollo de su conocimiento de la Santa Biblia y de las enseñanzas de nuestra Iglesia Católica.

Le felicito y le admiro por su deseo de conocer más profundamente nuestra fe, con el genuino propósito de vivirla cada día más intensamente.

Su interés por seguir conociendo la Santa Palabra de Dios hará que su fe se fortalezca y que, a la vez, usted pueda fortalecer la fe de otros, comenzando con los más allegados a usted; es decir, los miembros de su familia.

Cuente con mis oraciones y, al mismo tiempo, ruego que pida por mí, para que el Señor me siga dando fuerzas para seguir llevando Su Santa Palabra.

En Gratitud

Primero deseo darle gracias a Dios por la oportunidad que me da de poder compartir la fe con cada uno de ustedes.

Segundo, mi gratitud va dirigida a Marisela Hasbun quien ha tomado muchas horas de su tiempo para diseñar este hermoso libro que usted tiene en sus manos.

Finalmente, doy gracias a EWTN y a sus muchos televidentes por facilitarnos las preguntas que aparecen en este texto.

Prefacio

Les recomiendo que después de escoger la pregunta que le llame la atención, lea dos veces la respuesta. La primera vez, léanla sólo para la mente. Es decir, para obtener información.

Los animo para que lean la respuesta una segunda vez. Al terminar de leerla, pídanle a Dios que les ayude a descubrir Su Santa Voluntad a través de esa respuesta.

Finalmente, traten de memorizar las palabras que se encuentran en el arte, antes de pasar a la siguiente pregunta. Esto les ayudará a asimilar mejor lo que han leído.

Padre Pedro Núñez
Ministerio MENSAJE
Arquidiócesis de Nueva Orleáns

Conozca Más su Fe Católica

¿Por qué nosotros los católicos no creemos en Mahoma?
Saludos, Francisco—Guanajuato, México

Primero, porque Mahoma no es Dios. ¡Jesús sí lo es! (Juan 10, 30) Segundo, porque el que salva es Jesucristo y no Mahoma. Dice la Santa Biblia lo siguiente: (Pedro y Juan muestran al paralítico sanado y dicen): "Sépanlo todos ustedes y todo el pueblo de Israel: este hombre que está aquí, (el paralítico que Pedro y Juan sanaron en el nombre o con la autoridad de Jesús) sanó delante de ustedes, ha sido sanado por el Nombre de Jesucristo el Nazareno... Sepan, pues, que no hay salvación en ningún otro, pues bajo el cielo no se ha dado a los hombres ningún otro Nombre por el que debamos ser salvados". (Hechos 4, 10-12)

Yo y el Padre somos una sola cosa.
(Juan 10, 30)

¿Existe la reencarnación? Mi hermano ha sido siempre una persona muy cercana a Dios, sin embargo, en los últimos tiempos, he visto el cambio en su actitud respecto a los sacramentos, y la importancia que da a otras prácticas como la meditación, entre otras, y hablando con mucha seguridad sobre la reencarnación. Inclusive en una oportunidad mencionó que nuestro papá que murió hace 5 años, se encontraba reencarnado en su hijo que ahora tiene 3 años. Él afirma: "he estudiado el catolicismo, por eso sé, que existe la reencarnación".

Pilar—Bogotá, Colombia

El comentario que Jesús le hizo a los que negaban su doctrina se puede aplicar a tu hermano. Jesús dijo: ¿"Están ustedes tan cerrados que teniendo ojos no ven y teniendo oídos no oyen"? (Marcos 8, 17-18)

El creer en la reencarnación es negar el acto salvífico de Jesús, ya que si a través de diferentes reencarnaciones, cada uno de nosotros, puede por sus buenas obras unirse al absoluto, que es Dios, entonces el sacrificio de nuestro Señor Jesucristo hubiera sido totalmente innecesario. Si la reencarnación es el proceso para alcanzar a Dios por nuestras buenas obras, no hace, entonces, falta Jesús. Y eso es una herejía.

Y una herejía de las grandes porque si algo necesitamos para llegar al Cielo, es a Jesucristo. El mismo Señor Jesús lo dice: "Yo soy el Camino, la Verdad y la Vida, nadie va al Padre, sino a través de mi". (Juan 14, 6) La Santa Biblia nos dice que cuando el carcelero le pregunta a Pablo y a Silas: "¿Qué debo de hacer para salvarme"?

Ellos le responden: "Ten fe en el Señor Jesús y te salvarás tú y tu familia". (Hechos 16, 31) Recuérdale a tu hermano que él no se puede salvar a sí mismo, que: ¡SÓLO JESÚS SALVA!

La Iglesia tiene un dogma que declara que "fuera de la Iglesia no hay salvación". Seguramente hay personas en el mundo que están llenas de amor al prójimo, caritativas y generosas, y que cumplen los Mandamientos en la práctica, aunque no hayan recibido las enseñanzas de nuestra Santa Madre Iglesia; ¿Qué pasaría con esas personas el día que mueran, podrían ir al Cielo?

Oscar—Ciudad de México, México

Esta fue doctrina dada el 9 de diciembre de 1854 por el Papa Pío IX en el Primer Concilio Vaticano del Vaticano. En esa ocasión dijo: "Tenemos que aceptar como principio de fe, que fuera de la Iglesia Apostólica Romana no hay salvación". (Lo que aquí está diciendo el Papa es que Jesús establece sólo una Iglesia a través de la cual Él va a salvar a la humanidad hasta la consumación de los tiempos. (Mateo 16, 18 / Mateo 28, 20)

Sin embargo, añadió que: "hay que reconocer con certeza que aquellos que están en total ignorancia de la verdadera religión, no son culpables por ello a los ojos del Señor". Poco tiempo después, en una encíclica dirigida a los obispos italianos, dijo que "aquellos que tienen total ignorancia de las enseñanzas de la Iglesia, pero que observan con cuidado la ley natural y los preceptos dados por Dios al corazón del hombre y que estando dispuestos a obedecer a Dios llevando una vida recta y honesta, pueden, ayudados por la luz de la gracia divina, alcanzar la vida eterna. Añadiendo que Dios quién ve claramente, escudriña y conoce el corazón humano; su disposición, sus pensamientos y las intenciones de cada uno, y que en Su Suprema Misericordia y bondad, de ninguna manera permite que nadie sufra el castigo eterno, a menos que por su propia voluntad haya muerto en el pecado".

Lo veo mientras alisto a mi madre, quien hace un año tuvo un derrame. Dejé mi empleo, pero he sentido la presencia de Dios a través de esa misión que he asumido con amor. Si en la Biblia "no matarás" es un mandamiento, ¿cómo toma Dios que en algunos lugares se permita la pena de muerte? ¿Es esto un asesinato "justificado"?

Saludos cordiales, Lourdes—Costa Rica

La Iglesia Católica, siguiendo el mandato bíblico: "No matarás" (Éxodo 20, 13) está en contra de la pena capital, o la pena de muerte. Bien lo ha dicho el Papa Francisco. Por lo tanto, la Iglesia enseña que sólo en extrema, extrema circunstancia… cuando el agresor es un verdadero peligro para la sociedad, que la pena capital es permitida porque de esa manera se está protegiendo la seguridad común. De ahí que la Iglesia está de acuerdo con lo que se llama: "La guerra justa". Es decir, el poderse defender ante un agresor que presente un peligro de muerte inminente. Algo muy parecido es un padre o una madre de familia. Si sabe que se acerca alguien que viene a matar a sus hijitos y a ellos. La Iglesia dice que los padres, en este caso, tienen el derecho de proteger la vida de sus hijos y sus propias vidas también, usando, si es necesario, un arma de fuego.

No matarás.

(Éxodo 20, 13)

Los evangelios se refieren a Jesús como hijo del hombre. ¿Es por qué Jesús vino a la tierra como hombre o hay otra explicación?

José—Guatemala

Jesús utiliza la profecía que se encuentra en (Daniel 7, 13-14) la cual dice: "Mientras seguía contemplando esas visiones nocturnas, vi algo como un hijo de hombre que venía sobre las nubes del cielo (Uno de naturaleza humana, pero muy por encima de nosotros, ya que es superior al cielo.) Continua la visión: "Se dirigió hacia el anciano (Dios es representado como un anciano, ya que Él que es y siempre será... El eterno sabio... y, por lo tanto, el Todopoderoso...) "Se le dio el poder (No poder, sino que el poder... Todo—como humano... Por eso Jesús puede decir: (Mateo 28, 19)—"Todo poder se me ha dado en el cielo y en la tierra..." "Se le dio la gloria y la realeza... Su poder es el poder eterno que nunca pasará; su reino no será destruido". ¿Y cuál es el reino de Jesús? La Iglesia triunfante... (Mateo 16, 18) - La Novia del Cordero... Tú y yo y todos aquellos que por Su gracia y poder habremos alcanzado la Meta: ¡La Vida Eterna!, El Cielo! Ese reino, del cual habla Daniel se le es confiado a Jesús, en forma personal. A Él, que es el salvador y la cabeza de todos los seres humanos y de toda la humanidad.

¿Usted cree que la religión ha retrasado los avances científicos?

Sandra Milena

¡Por el contrario! ¿Qué hubiera sido de la humanidad si la Iglesia Católica no hubiera fomentado las bibliotecas y los centros de aprendizaje? Tal vez, entre otras cosas, jamás hubiéramos conocido la Santa Biblia, ya que fue en los monasterios, desde la antigüedad, donde se comenzó a transcribir, palabra por palabra, la Sagrada Escritura en cientos de manuscritos de los cuales se guardan algunos hasta el día de hoy. Uno de los que se tiene numerosas documentaciones es la Escuela de Antioquía, fundada por el Santo Obispo Ignacio, en 270. Este fue uno de los principales centros de aprendizaje de la iglesia primitiva. En aquellos tiempos muy pocos sabían leer o escribir. Una de las contribuciones que hicieron los monjes a lo largo de los años fue la traducción del Antiguo y del Nuevo Testamento.

A lo largo de la historia, la Iglesia ha contribuido grandemente a la sociedad y no sólo en el campo de las letras, pero también de la ciencia. Uno de esos famosos científicos es el sacerdote astrónomo, Nicolás Copérnico, quien nació en Polonia en 1473. Fue él quien formuló la teoría heliocéntrica del sistema solar, considerada como uno de los descubrimientos más importantes en la historia de la ciencia occidental. Hoy día son muchos los sacerdotes, religiosos y religiosas que son impresionantemente competentes en prácticamente todos los campos de la ciencia y del saber. Hoy día son miles y miles las universidades católicas en el mundo entero. Hace poco, fui a predicar a una ciudad en Texas. Quedé impresionado que sólo, en esa metrópolis, hay cuatro universidades católicas, dedicadas a enseñar en formas profesionalmente competitivas con las mejores universidades del País. La fe busca respuestas. Y, al fin y al cabo, las respuestas para todas nuestras preguntas se encuentran en Dios.

Como católico fui a una curandera con mi mamá, y resulta que me dio unos sahumerios y agua para rociar mi casa afirmando que la casa estaba trabada. Sé que me va a regañar Padre pues lo que hice es pecado, pero a insistencia de mi mamá. ¿Ahora qué puedo hacer Padre, tengo los sahumerios y las botellitas para rociar la casa? Mi mamá lo pagó y son de ella. ¡Que Dios me perdone!

Juan

Te felicito por el amor y el respeto tan grande que le tienes a tu mamá. Por otra parte, sabes que consultar con una curandera que usa conjuros está en contraposición con lo que dice la Palabra de Dios. Mi recomendación es que le digas a tu mami que le quieres leer un pasaje bíblico a ver qué es lo que Dios le dice a través de esa lectura. Léele, entonces lo siguiente: (Deuteronomio 18, 10-12)

Que nadie practique
encantamientos o consulte a los astros;
que no haya brujos ni hechiceros...

(Deuteronomio 18, 10-12)

Aquí la Palabra de Dios, entre otras cosas dice: "Que nadie practique encantamientos. Que no haya brujos ni hechiceros. Que no se halle a nadie que se dedique a supersticiones..." Y termina la Palabra de Dios diciendo: "Porque Dios aborrece a los que se dedican a todo esto". Después, si tu mami está de acuerdo, bota todo eso que te dio la señora y busca a un sacerdote para que, en el nombre del Señor Jesús, que es quien tiene poder para vencer las fuerzas del mal, bendiga tu casa.

Mi consulta es referente a "los tres días de oscuridad", mencionado en los mensajes dados por la Santísima Madre a santos y videntes. ¿Por qué ningún cura habla sobre eso, ni el Papa Francisco? La gente que vive en la calle ¿dónde va a refugiarse en esas 72 horas de depuración si se recomienda no salir de la casa? ¿Qué pasará con aquellos que estén rezando dentro de sus hogares y en algún momento se duerman en esas horas?

Saludos, Lucila—Córdoba, Argentina

Existe una creencia muy extendida desde hace muchísimos años de que en el futuro habrán 3 días de oscuridad, como castigo de Dios, y sólo podrán recibir luz aquellos que tengan velas benditas que puedan encender. Al parecer, esta creencia se inició por especulaciones de Nostradamus y con la Nueva Era ha tomado mucha más fuerza todavía. Se hablaba también de una Tormenta Solar que, supuestamente debía haber ocurrido en el 2013. Nada de esto es doctrina oficial de la Iglesia Católica. Se ha dicho, también, que la Virgen María, en Fátima, habló sobre los tres días de oscuridad. Lo que Nuestra Señora dijo, en el tercer mensaje a los pastorcitos, en Fátima es qué si nos consagramos a ella, pidiendo su intercesión ante su Hijo para ser más y más como ella, y si consagramos al mundo a ella, con la misma intención, entonces Rusia se convertirá y habrá paz; si no, diseminará sus errores por el mundo. ¿Cuál es el más grande de los errores? ¡Un mundo sin Dios! Eso, desafortunadamente, es lo que está ocurriendo hoy día. ¿Se puede cambiar esto? ¡Claro que sí! Depende de ti, de mí y de todos los que nos llamamos cristianos.

Soy homosexual. ¿Es pecado recordar a un hombre con belleza y recordar su nombre y apellido? Además, a veces cometo el pecado de la sensualidad y consentir pensamientos impuros.

Un abrazo, Mohamed—Venezuela

Te digo una cosa. Si realmente estás tratando de vivir según nos pide la Palabra de Dios (y esto es que dejemos de fornicar) (Gálatas 5, 19), entonces tienes que tomar la decisión de hacer lo que pide Jesús. ¿Qué dice? "Si tu ojo es ocasión de pecado, sácatelo". (Mateo 5, 29) Por supuesto, esto es una exageración que utiliza Jesús para sacudirnos un poco. Él no quiere que nos saquemos los ojos. Él lo que quiere es que, ante una ocasión que nos puede hacer caer en pecado, que miremos para otro lado. De esa forma no damos oportunidad a la "Loca de la Casa", (la mente), para que nos lleve a actuar lo que deseamos. Pensar en esa persona te lastima y te esclaviza y, al fin y al cabo, te deja más vacío que antes de comenzar a pensar en él. Pídele a Dios la fuerza de Su Espíritu Santo. Invócalo y pídele que te llene de dominio propio para desear y buscar la santidad. Pídele que te de la fuerza que tuvo San Pablo para poder decir como él: "A causa de Cristo Jesús, mi Señor, ya nada tiene valor para mí y todo lo considero como basura mientras trato de ganar a Cristo". (Filipenses 3, 8)

A causa de
Cristo Jesús,
mi Señor, ya nada tiene valor...
(Filipenses 3, 8)

¿Si un hombre o una mujer ya han tenido relaciones sexuales puede ser sacerdote, monja o ya no?
Saludos desde Guatemala, Anónimo

Si puede. El haber tenido relaciones sexuales, sin estar casados es, sin lugar a dudas un pecado grave. (Gálatas 5, 19) Sin embargo, lo importante no es que se haya pecado, sino que en la persona haya habido un genuino arrepentimiento, al igual que un verdadero propósito de vivir una vida, ya no esclavizada a las pasiones mundanas, sino que, revestido del mismo Jesucristo, viviendo, en Cristo, una genuina conversión. (Romanos 13, 14)

¿Por qué existe una especie de contradicción en el Antiguo Testamento? Dios le dice a Moisés "no te harás imagen alguna de lo que está abajo del agua sobre ella o sobre la tierra ni de lo que hay en el cielo", pero luego ordena hacer un arca que tiene dos ángeles en la parte superior de esta, lo mismo cuando ordena que se construya la serpiente de bronce.

Por favor aclare mi ignorancia, Gregory

La Santa Biblia en el Libro del Éxodo dice lo siguiente: "No tendrás otros dioses fuera de mi". (Éxodo 20, 4-5) Para poder entender cualquier versículo bíblico, tenemos que entender el contexto en que se da el mensaje. ¿Cuál es el mensaje? Dios no quiere que tengamos otros dioses fuera de Él. ¡Ese es el mensaje! Para que quede claro ese mensaje, Dios le dice al Pueblo a través de Moisés, lo siguiente: "No te harás estatua ni imagen alguna de lo que hay arriba en el cielo, abajo, en la tierra, y en las aguas debajo de la tierra". ¿Imágenes y estatuas de quién? De esos dioses falsos que los Israelitas estaban adorando. Como por ejemplo, el dios de la fertilidad, el dios de la lluvia, el dios de la prosperidad y tantos otros dioses que adoraba este Pueblo. Es por eso, Dios continúa diciendo: "No te postres ante esos dioses ni les sirvas, porque yo, Yavé, tu Dios, soy un Dios celoso". No te postres ante esos dioses. ¿Cuáles dioses? Los dioses falsos que estaban adorando los Israelitas, en vez de adorar al único y verdadero Dios.

Más tarde, cuando Dios le estaba dando a Moisés las instrucciones de las cosas que quería en el Templo, le dice, en forma de exigencia: "Asimismo, harás dos querubines de oro macizo (es decir, dos imágenes) y los pondrás en las extremidades de la cubierta (del Arca de la Alianza). Pondrás un querubín a una extremidad, y el otro en la otra; formarán un solo cuerpo con la cubierta, a sus dos lados". (Éxodo 25, 18-19)

> Asimismo,
> harás dos querubines
> de oro macizo, y los pondrás
> en las extremidades de la cubierta...
> *(Éxodo 25, 18-19)*

¿Está Dios contradiciéndose al decirle a Moisés, primeramente, que no se puede construir imágenes o estatuas y después le exige que construya dos imagines de dos querubines y que las haga de oro macizo? ¡Dios no se contradice! La primera vez se estaba refiriendo a las estatuas o imágenes de dioses falsos. Ídolos que tomaban el lugar del único y verdadero Dios. La segunda vez, Dios se está refiriendo a imágenes que lo representan a Él y no que toman el lugar de Él. Toda imagen que represente al único y verdadero Dios no sólo es aceptada por Él, pero más aún, es de complacencia a Él y, aún a veces, hasta exigida por Él.

¿Quiero saber si yo, como católica, puedo asistir a una boda de otra denominación con un Pastor? Es la hija de mi primo. ¡Dios y María lo bendiga grandemente!

Nidza—Puerto Rico

Uno de los propósitos de los participantes en una boda es para dar testimonio del casamiento de la pareja. Si los contrayentes nunca fueron bautizados en la Iglesia Católica, no hay ningún problema en que participes de esa unión ya que, en conciencia, ellos están haciendo lo que creen es correcto. Por otra parte, si uno de los dos contrayentes fue bautizado católico y se casa fuera de la Iglesia, sin la dispensa del Obispo, entonces participarías de una unión que, ante los ojos de la Iglesia no es válida. Así que, con esta información que te he dado, tienes que poner las cosas en una balanza y preguntarte qué deberías hacer tú en esta situación.

No sé orar, no sé cómo empezar una oración, no sé cómo terminar una oración. Solo sé pedir y pedir.
Stephanie—Barranquilla, Colombia

Stephanie, orar es hablar con Dios. Puedes hablar con Él usando oraciones como el Padre Nuestro o el Ave María, tratando de decir las palabras despacio y pensando en lo que estás diciendo. O puedes, simplemente, dirigirte a Dios como lo harías con alguien a quien tú respetas y amas mucho.

Otra manera de orar es leyendo la Santa Biblia y meditando un poco sobre lo que has leído. Mi recomendación es que si así lo haces, trata de comenzar con uno de los cuatro evangelios o con alguna de las cartas de San Pablo. Lees un párrafo, de ser posible, dos veces, despacio y trata de preguntarte: ¿Qué me está diciendo Dios a través de este pasaje? Cuando termines esa meditación pide que Dios te de la fuerza para poner en práctica lo que sientes que Él te ha dicho. Si en algún momento te sientes confundida con el mensaje que has recibido de la Santa Biblia, consulta con un sacerdote que te inspire confianza para que te aclare.

Quisiera terminar con un pasaje bíblico, a través del cual, San Pablo nos exhorta a orar siempre. Él dice así: "Vivan orando y suplicando. Oren en todo tiempo según les inspire el Espíritu (Espíritu Santo)... Perseveren en sus oraciones sin desanimarse nunca". (Efesios 6, 18)

Vivan orando y suplicando.
(Efesios 6, 18)

Hola Padre Pedro: Soy un niño de 14 años que quisiera ser sacerdote, pero mi mamá no lo permite. ¿Qué puedo hacer?

Gracias, Alexander—Puerto Rico

¡Felicidades, Alexander!—Si tu mami no te permite ir al Seminario a tu joven edad, lo más probable es que ella tenga razón. Piénsalo más, pon este deseo en oración. Habla con algunos sacerdotes de tu confianza y deja que Dios siga guiando tu corazón y el de tu mamá.

¿Sabes? Tengo un secreto que contarte: A mí tampoco, al principio, me dieron permiso de ir al Seminario. Mis padres estaban totalmente en contra de que yo fuera sacerdote. Querían que les diera nietos. ¿Sabes, Mijo? Si tu mamá te dice que no, tal vez sea porque ella piensa que siendo otra cosa, como médico o ingeniero, o un hombre de negocios, te va a ir mejor. Piensa ella que, tal vez, casándote y teniendo hijos vas a ser más feliz. Puede ser, pero yo si te puedo asegurar que, aunque la vida del sacerdote no es nada fácil, es también la más hermosa y la que más satisface. ¿Por qué? Porque si de verdad vivimos nuestro sacerdocio, como Dios manda, nos vamos entregando más completamente a Dios y a los demás y es ahí, en el dar de nuestras vidas en servicio a Dios y a los demás, que encontramos el verdadero sentido del para qué existimos. En relación al darnos, Jesucristo nos va a decir: "Den, y se les dará; se les echará en su delantal una medida colmada, apretada y rebosante. Porque con la medida que ustedes midan serán ustedes medidos". (Lucas 6, 37-38)

En el Evangelio de San Mateo, Jesús habla del alma y del espíritu como dos realidades diferentes. ¿Cuál es el concepto de cada una? Desde ya muchas gracias y bendiciones para usted y EWTN.

Susana—Buenos Aires, Argentina

Entre teólogos hay quienes tienden a distinguir entre alma y espíritu. San Pablo fue uno que da a entender que el ser humano está compuesto de cuerpo, alma y espíritu, pidiendo que estos tres aspectos de nuestro ser sean conservados sin mancha hasta la venida del Señor. Él dijo: "Que el Dios de la paz los haga santos en toda su persona. Que se digne guardarlos sin reproche en su espíritu, su alma y su cuerpo hasta la venida de Cristo Jesús, nuestro Señor." (1 Tesalonicenses 5, 23)

> Que se digne guardarlos sin reproche en su espíritu, su alma y su cuerpo...
> *(1 Tesalonicenses 5, 23)*

El Catecismo de la Iglesia Católica enseña que el cuerpo y el alma son parte de una sola naturaleza humana. Es decir, no son dos naturalezas que se unen, sino una sola realidad. El ser humano, por lo tanto, es cuerpo y alma, material y espiritual, respectivamente. ¿Por qué, entonces, San Pablo habla de "cuerpo, alma y espíritu"?

Al recordar que la Iglesia enseña con toda claridad que no son dos almas, sino cuerpo y alma, existe, sin embargo, lo que se llamaría el "espíritu", el cual se encuentra en el lugar más recóndito del alma. Y es ahí donde habita Dios, a través de nuestra unión con Jesucristo en el Sacramento del Bautismo. Es por eso que San Pablo nos recuerda que todos los bautizados somos Templos del Espíritu Santo, que mora en nuestro espíritu, uniéndonos a Jesús. (1 Corintios 6, 19)

Con mi esposo vemos su programa. Tenemos un hijo de 3 añitos que nació con una enfermedad del cerebro y no puede moverse, ni comer, ni comunicarse. También tiene epilepsia y usa oxígeno. Mi hijo sufre mucho y nosotros también. En ocasiones me pregunto, ¿por qué si Dios es amor permite que un angelito sufra tanto, si Dios ama a mi hijo porque lo deja sufrir tanto? ¿Padre es pecado pensar así?

Karla—Guatemala

Siento mucho que tu niño esté en esas condiciones. No Karla, no es pecado pensar así ya que, sin lugar a dudas, ustedes quieren tanto a su hijito que no quieren que sufra. Karla, todo ser humano sufre. Dios no quiere que suframos, pero lo permite, aunque no lo quiere. Yo te animo, tanto a ti como a tu esposo a que vean en su hijito la gran bendición que él es para ustedes. El sufrimiento, muchas veces es causado por sentimientos de impotencia ante la realidad

Yo los animo a que, en vez de preguntarse "¿por qué le está pasando esto a mi hijo?" o, "¿por qué Dios permite esto?", los animaría a que abracen la situación física de su hijito y confíen en ese Dios misericordioso que permitió que su Único Hijo, Jesucristo, sufriera el martirio de la cruz para salvarnos a nosotros y a la humanidad entera. Al poner nuestra confianza en Dios, aún los peores problemas dejan de ser tan destructivamente aplastantes y en medio de los torbellinos de la vida podemos experimentar paz. (Lucas 8, 22-24)

Un pastor que estuvo en Israel dijo que él vio la tumba de la Virgen y nosotros en el Rosario decimos que subió al cielo en cuerpo y alma. ¿Es verdad lo que dice el Pastor?

Esteban

De seguro que ese Pastor también vio la tumba de Jesús, pero Jesús no estaba en ella. ¿Por qué? Porque Jesús ha resucitado. La Iglesia Católica está abierta a ambas posibilidades, en relación a nuestra Santísima Madre. Por una parte, la Iglesia está abierta a la teoría de que María experimentó la muerte y después de la muerte, fue asunta al Cielo. Si fue así, la Iglesia enseña que María muere, no porque haya cometido pecado, sino para identificarse con su Hijo Jesucristo, el cual murió asumiendo sobre sus espaldas los pecados de toda la humanidad. (Isaías 53, 5)

Por otra parte, si bien es cierto que la iglesia que vio este pastor es la Iglesia Ortodoxa donde, según ellos, está la tumba de María, hay otra iglesia, casi frente al Cenáculo, que se llama "La Dormición de María", afirmando que ella no muere, pero que, en su momento final, aquí en la Tierra, la Virgen, como dormida, fue asunta al Cielo para vivir eternamente en la presencia de Su Hijo, el Rey y Señor del Universo.

Tengo dos hermosos hijos (niña y niño). Me operé para no tener más bebés por indicación de mi doctora pues adujo problemas de salud. Tengo 37 años y me da temor que Papá Dios esté disgustado conmigo por haberme operado. ¿Qué me aconseja para tener paz? Ya me he confesado.

Linet

Te felicito ya que estás consciente que la mutilación de nuestro cuerpo es una falta grave, a no ser que se tenga que hacer por extrema necesidad médica. Esto lo enseña así la Iglesia ya que nuestro cuerpo es el templo del Espíritu Santo. San Pablo dijo: "¿No saben que su cuerpo es templo del Espíritu Santo que han recibido de Dios y que está en ustedes? Ya no se pertenecen a sí mismos. Ustedes han sido comprados a un precio muy alto; procuren, pues, que sus cuerpos sirvan para dar gloria a Dios." (1 Corintios 6, 19-20) Si ya te confesaste y el sacerdote te dio la absolución sacramental, esto quiere decir que Dios ya te ha perdonado. Lo importante, ahora, es que le pidas a Dios la gracia para perdonarte a ti misma. Entrégale a Él todo lo que te preocupa y pídele paz, ya que nada puedes hacer para revertir el pasado. Él, por lo mucho que te ama, llenará tu corazón, tu mente y todo tu ser de Su Divina Presencia, ¡que es Paz!

¿No saben
que su cuerpo es templo
del Espíritu Santo...?

(1 Corintios 6, 19-20)

¿Por qué una mujer no puede ser sacerdotisa? Qué estúpida respuesta la suya. Por eso la religión católica está desapareciendo, porque es un estúpido dogma que ustedes han modificado a su conveniencia. Jesús escogió a María Magdalena para fundar su Iglesia, no la COCHINADA que ustedes han manipulado hasta ahora. Gracias a Dios la gente ha estudiado y ha dejado de ser la gente estúpida que los seguía.

Ing. Susana López F.

Siento mucho que usted tenga su corazón tan lleno de dolor y de resentimiento. Uno da de lo que uno tiene y usted, a través de su carta, está dando cualquier cosa, menos amor de Dios. Deseo recordarle, Ingeniera, que el sacerdocio es una vocación; es decir, es un llamado que Dios hace a ciertos hombres. Si el llamado de parte de Dios hubiera sido también para las mujeres, no cree usted que Jesús, Dios hecho hombre, hubiera llamado a las mujeres que él hubiera deseado, a ser parte del grupo de los primeros apóstoles, que, al fin y al cabo, fueron, no solo, los primeros sacerdotes, sino, también, los primeros obispos del cristianismo. La palabra "obispo" proviene del griego y significa: "supervisor".

Sin embargo, Jesús quien no tenía problema alguno de hablar con la verdad y de hacer todo según la voluntad de Dios y no la de los hombres, no llamó a ninguna mujer ni al sacerdocio ni al episcopado. El Papa Juan Pablo II, refiriéndose a esta decisión de Jesús dijo: "Si el Señor no eligió a ninguna mujer para ser sacerdote, ¿quién soy yo para hacerlo"? Le ruego, Doña Susana, que estudie un poquito más las Sagradas Escrituras. Jesús escogió a Pedro y no a María Magdalena para fundar Su Iglesia. (Mateo 16, 18)

...los poderes
del infierno
jamás la podrán vencer.
(Mateo 16, 18)

Finalmente, y con el respeto que usted merece, le pido que mida sus palabras y sus actitudes de rechazo ya que por ese egocentrismo que muchas veces nos caracteriza, hace que la gente, cristianos y no cristianos, se decepcionen del cristianismo, el cual se puede resumir en seis sencillas palabras: "ámense los unos a los otros". ¡Bendiciones!

¿Por qué razón, tantos sacerdotes se han estado rebelando contra la religión Católica y precisamente se convierten a Cristo?

¿Será por casualidad? Jorge

Quiero decirte que he sido sacerdote por más de 41 años y conozco, personalmente, a muy pocos sacerdotes que hayan abandonado la Iglesia Católica.

El reconocer que Dios no lo ha llamado a uno a la vida sacerdotal, no es malo. Lo malo es vivir una doble vida y ser causa de escándalo. Tú hablas de que estos sacerdotes se convierten a Cristo. ¿De dónde sacas la idea de que los hombres que dejan el sacerdocio católico lo hacen porque se convierten a Jesucristo? ¿Quién te ha puesto a ti de juez o árbitro para decir que nosotros los sacerdotes católicos cristianos, tenemos que convertirnos a Jesucristo, cuando ha sido por amor a Jesús y a su Iglesia que nos hemos entregado en cuerpo y alma para servir hasta el último suspiro de nuestras vidas?

Sería bueno que leas un poco más a fondo la Santa Biblia: (Mateo 7, 1-5) "No juzguen a los demás y no serán juzgados ustedes. Porque de la misma manera que ustedes juzguen serán juzgados y la misma medida que ustedes usen para los demás, será usada para ustedes... Hipócrita, dice el Señor Jesús, saca primero el tronco que tienes en tu ojo y así veras mejor para sacar la pelusa del ojo de tu hermano".

¿Quisiera saber qué se debe hacer cuando cambian a un sacerdote de Parroquia? Y, que me explique la diferencia entre los diferentes ciclos litúrgicos (A, B, C). Rece por mí.

María Belén – México

Hay una frase popular que dice: "Año nuevo, vida nueva". Ese es el propósito de cambiar a un sacerdote de parroquia. Lo digo por experiencia. Cuando uno está en un mismo lugar por mucho tiempo, la tendencia es acomodarse y el servicio, con facilidad, se convierte en rutina. Es importante que el obispo, guiado por el Espíritu Santo, cambie la asignación de sus sacerdotes cada cuatro a seis años. De esa manera, la comunidad tendrá la oportunidad de escuchar a un nuevo predicador; a un nuevo maestro y dejarse guiar por un nuevo pastor, que le ofrezca nuevas posibilidades de acercarse a ese Sumo Sacerdote, que es Jesucristo.

Los ciclos que utiliza la Iglesia para las lecturas de cada día en la Santa Misa, son tres: Ciclo A: SAN MATEO, Ciclo B: SAN MARCOS, Ciclo C: SAN LUCAS. El Evangelio según San Juan se lee, particularmente, en el tiempo de Resurrección, en los tres ciclos.

Una madre, al querer alimentar a sus hijos, no les pone en un día sobre la mesa todos los alimentos de la semana o del mes o del año entero, sino que cada día les da una pequeña ración. De la misma manera la Iglesia, que desea que los fieles escuchen todo el contenido de la Sagrada Biblia, reparte a su tiempo e inteligentemente cada día las porciones necesarias de este alimento espiritual. Si una persona participa atentamente en las misas de diario y misa dominical durante tres años habrá escuchado prácticamente toda la Sagrada Escritura.

Con todos los desastres naturales que han pasado y están pasando, ¿cómo podemos dar explicación a alguien con poca fe sobre el por qué Dios permite que tantas vidas inocentes sufran, especialmente los niños? Siempre se dice que nada pasa sin Su Voluntad y que Él no quiere ningún mal para nosotros. Alguien me decía que parece que el diablo está ganando la batalla. Yo sé que eso no es cierto.

Leonel—Virginia

Muchas personas tienden a pensar que todo lo que sucede en la naturaleza es causado o provocado directamente por voluntad de Dios, o, lo que es peor aún, por castigo de Dios. Algunos llegan hasta decir que, el hecho de que existan catástrofes naturales, significa que Dios no existe, o que Dios no es bueno, porque si fuera bueno, no permitiría tanto mal.

Dice la Santa Biblia que, en el principio, Dios le dio al ser humano autoridad sobre la Tierra. (Génesis 1, 26-30) No obstante, el hombre utilizó esa autoridad para desobedecer a Dios. Pecó y pecó y, olvidándose de Dios, dejó que el mal entrara al mundo. Cuando esto ocurrió, el mundo cayó bajo la autoridad del pecado. Y bien sabemos que la consecuencia del pecado es siempre la destrucción; es decir, la muerte. (Romanos 6, 23) Dios no sólo le dio autoridad al ser humano sobre todo lo creado, sino que, más aun, estableció al hombre y a la mujer en el Paraíso. (Génesis 2, 8) Les dio el Jardín, que es símbolo de armonía y de paz. Armonía y paz entre los seres humanos y armonía y paz entre el hombre, la mujer y Dios. Finalmente, si bien es cierto que muchos de los fenómenos naturales que ocurren en nuestros días son consecuencia del proceso evolutivo de la tierra, la cual está en contante movimiento, también es cierto, que la influencia del pecado, como hemos dicho anteriormente, ha desequilibrado la armonía y la paz para la cual Dios creo al hombre.

Hace poco tiempo falleció mi madre. Fue cremada y ahora sus restos descansan en la cripta de una Iglesia. ¿Es cierto que el Papa Francisco indicó que las personas ya no deben ser cremadas? ¿Qué hacemos en nuestro caso particular?

Angélica—México

¡Lo que has hecho es correcto! Lo que el Papa Francisco, a través de la Congregación para la Doctrina de la Fe, ha decretado es la prohibición de esparcir las cenizas de los difuntos en la tierra o en el mar. También prohíbe el guardar las cenizas de los difuntos en las casas. La cremación del difunto es aceptada por la Iglesia, siempre y cuando se le dé cristiana sepultura; es decir, se entierren las cenizas en un lugar destinado a este propósito, como puede ser un cementerio o en lugares apropiados dentro de ciertas iglesias.

Nuestros hermanos evangélicos dicen que el Papa Francisco está generando el Anticristo, ya que en el libro del Apocalipsis hace referencia a un falso profeta y mil cosas más inauditas. ¿Qué se le puede responder a esto?

Carlos—Argentina

Es una vergüenza que, en vez de sentirse orgullosos de tener por primera vez en la historia de la Iglesia, no sólo un Papa latinoamericano, sino que un Papa argentino, que una cantidad notable de argentinos evangélicos estén tratando de degradar la persona del Papa. Pero, que se puede esperar de personas que hacen caso omiso de las palabras de nuestro Señor Jesucristo quien dijo: "no juzguen y no serán juzgados ustedes. Porque de la misma manera que ustedes juzguen, así serán juzgados... hipócrita, (dice el Señor Jesús) saca primero el tronco que tienes en tu ojo y así verás mejor para sacar la pelusa del ojo de tu hermano" (Mateo 7, 1-5).

Para mí el Papa Francisco, no sólo es un gran hombre de Dios y una bendición para la Iglesia y para el mundo en estos tiempos difíciles, pero es un verdadero profeta. Desafortunadamente, para algunos que le critican es porque, en última instancia han cerrado sus oídos y no quieren escuchar la voz de Dios a través de él.

No juzguen a los demás
y no serán juzgados ustedes...

(Mateo 7, 1-5)

Los protestantes dicen que Jesús, con su muerte y resurrección perdonó el pecado de Adán y Eva y por eso no hay necesidad de bautizar a los niños pues no tienen pecado. Por favor ayúdeme a entender bien cuál es el pecado que nos perdona Dios con su sacrificio.

Gracias por su ayuda, Matilde—Phoenix, Arizona

Si Adán y Eva se arrepintieron de sus pecados, de seguro que el Señor les perdonó. La pregunta es si se arrepintieron o no. Eso sólo lo sabremos cuando estemos en el Cielo. La Palabra de Dios nos dice que hay un pecado que no tiene perdón y ese es el pecado contra el Espíritu Santo. (Mateo 12, 32) ¿Y cuál es el pecado contra el Espíritu Santo? El no aceptar el amor de Dios que nos quiere perdonar si estamos dispuestos a arrepentirnos. El no arrepentirse del pecado o de los pecados cometidos, ese es el pecado contra el Espíritu Santo.

Respondiendo a tu pregunta: Dice la Santa Biblia que todos hemos pecado y todos nos hemos apartado de la gracia de Dios. (Romanos 3, 23) Cada vez que pecamos, estamos contribuyendo al mal en el mundo. Ese mal afecta, no sólo a los adultos, sino que a los jóvenes y niños también. Es por eso que el salmista dice así: "Tú ves que malo soy de nacimiento. Pecador desde el vientre de mi madre". (Salmo 51, 7)

¿Por qué? Porque desde el vientre de su madre, la criatura absorbe las cosas buenas de la madre, como los nutrientes y el oxígeno para poder vivir, como, desafortunadamente, lo malo que hay en la madre, como es el pecado y sus consecuencias.

El sacramento del bautismo es necesario porque este libera a la criatura de la influencia del pecado original. (Romanos 5, 18-19)

> Tú ves que pecador soy
> desde el vientre de mi madre.
> *(Salmo 51, 7)*

Es necesario porque el bautismo une al bautizado a Jesucristo (Romanos 6, 4-5), haciéndonos miembros de la Iglesia de Jesucristo. Es por eso que la Santa Biblia dice: "Hemos sido bautizados en el único Espíritu para que formáramos un solo cuerpo". (1 Corintios 12, 13)

Finalmente, el bautismo de una criatura es necesario porque el bautismo nos une a Jesucristo para poder caminar en el Camino que es el mismo Jesús. El Camino que nos lleva a la Vida Eterna. El Señor Jesús dice de sí mismo: "Yo soy el Camino, la Verdad y la Vida. Nadie va al Padre sino por mi". (Juan 14, 6)

Hace poco volví a escuchar la cita de 1 Corintios 13, 1-13. La leí, la escuché y me tocó el corazón, por eso mismo intente profundizar en ella. Encontré muchísima riqueza y sencillez en cada palabra de San Pablo. ¿Podría usted hablar sobre esta cita?

Ezequiel—Argentina

Si pudiéramos resumir el cristianismo con una sola palabra, esta sería: "amor". Es por eso que el Señor Jesús nos da un mandamiento que tiene que ser básico en nuestra búsqueda y seguimiento suyo: "Les doy un mandamiento nuevo—¡ámense!" (Juan 13, 34-35) Continúa Jesús diciendo: "ámense como yo los he amado (Juan 15, 12) en esto reconocerán todos que son mis discípulos: en que se aman unos a otros". (Juan 13, 35) El pasaje al que te refieres, habla precisamente sobre la manera en que debemos de amar. Al fin y al cabo, a la manera de Cristo.

Me es grato saludarle y desearle que Dios todo poderoso lo colme de bendiciones. El motivo de dirigirme a usted es para que me explique los significados de Apóstol y Discípulo. Le agradezco de antemano su respuesta.

Josefa del Carmen—Managua, Nicaragua

En el cristianismo, los apóstoles, palabra griega que significa enviado, son los hombres escogidos por Jesús de Nazaret para que fueran pescadores de hombres. (Lucas 5, 10) El propósito por el cual el Señor Jesús los escogió fue doble: Primero, para que ellos mismos vivieran una vida nueva, unidos a Jesús. Segundo: para llevar al mundo entero la Buena Nueva de salvación que es que Dios nos ama y, porque nos ama, desea vivir en íntima relación con nosotros, los seres humanos. No sólo aquí en la Tierra, pero un día, para siempre en el Cielo. Es por eso que Jesús, al final de Su Vida Pública, antes de ascender al Cielo, le dice a los Once: "Vayan, pues, y hagan que todos los pueblos sean mis discípulos. Bautícenlos en el Nombre del Padre y del Hijo y del Espíritu Santo, y enséñeles a cumplir todo lo que yo les he encomendado a ustedes. Yo estoy con ustedes todos los días, hasta el fin de la historia". (Mateo 28, 19-20)

El que quiera seguirme,
cargue con su cruz...
(Mateo 16, 24)

Por otra parte, el discípulo, palabra griega "mathetes" es alguien que es mucho más que un simple estudiante o alumno. Un discípulo en el cristianismo es un seguidor de Jesús. Alguien que se adhiere completamente a las enseñanzas del Señor, haciendo de estas su regla de vida y conducta. Ser discípulo de Jesús cuesta, ya que es necesario renunciar, más y más, a lo que no es de Dios en nuestra vida para vivir una vida totalmente entregada a Él. Es por eso que Jesús dice a sus discípulos: "si alguno quiere venir en pos de mí, niéguese a sí mismo, tome su cruz y sígame". (Mateo 16, 24)

Tengo una inquietud acerca del Evangelio de Marcos 10, 17-18 donde el joven rico le pregunta a Jesús: Maestro bueno, ¿qué tengo que hacer para heredar la vida eterna? y Jesús le contesta: ¿por qué me llamas bueno? El único bueno es Dios. Sé que Jesús es Dios y hay más citas bíblicas que lo comprueban, pero ¿a qué se refiere Jesús en este capítulo?

¡Muchas gracias! Josué

Jesús es la manifestación de Dios. Bien sabemos que Jesús tiene dos naturalezas: La divina y la humana. Nuestro Señor Jesucristo es totalmente Dios y totalmente hombre. Él así lo dice: (Juan 10, 30) "Yo y el Padre somos la misma cosa". Sin embargo, como hombre nos está enseñando que todo hombre y toda mujer de Dios debe de ser como flecha que apunta siempre hacia Dios y que toda la gloria sea siempre dada a Dios y no a uno, ya que, al fin y al cabo, todo el bien que podamos hacer es porque Dios nos da la gracia para lograrlo. La tendencia de muchos es dejarse glorificar por los demás... la vida de Jesús es una perene enseñanza de que es a Dios a quien hay que reconocer como el "Bueno" y, por lo tanto, el Dador de todo lo Bueno. Jesús, como hombre, no quiere la gloria para sí mismo, sino que para el que merece todo honor y toda gloria que es Dios. Entonces, ¿eso quiere decir que no debemos darle gloria a Jesucristo? Por supuesto que si debemos. De nuevo, con estas palabras, en su naturaleza humana, Jesús enseña que la gloria tiene que siempre ser dada a Dios.

¿Es correcto o no rezar el Padre Nuestro haciendo la señal de la cruz con nuestras manos y dedos? Escuché decir que la forma correcta era no hacer nada con las manos, sino que sólo rezarlo, esto en el acto de la Misa, cuando el sacerdote y el pueblo lo rezamos.

Concepción—Nicaragua

Se puede hacer si se quiere, pero no es parte del rito dentro del contexto de la Santa Eucaristía. Lo que si se pide es que pongamos nuestras manos con las palmas hacia arriba en forma de petición, uniéndonos a Jesús quien fue, el mismo, el que nos enseñó esa bellísima oración. (Mateo 6, 9-13)

Soy de Argentina. Le quiero decir que tengo miedo y vergüenza de confesarme. Tengo 16 años y participo en mi parroquia. Le cuento que soy muy débil, caigo en la tentación y me da miedo y vergüenza decir al Padre mis pecados porque no mejoro y le digo lo mismo. ¿Qué puedo hacer?

¡Gracias y bendiciones! Anónimo

Si tienes miedo porque ahí te conocen los sacerdotes, mi consejo es que vayas a otra parroquia donde no te conocen para que puedas confesarte sin temor a que sepan quién eres. Acuérdate de dos cosas- Primero:—El sacerdote no está ahí para juzgarte, sino para ser medio de reconciliación entre tú, Jesucristo y Su Iglesia... Segundo: lo que tú le vas a decir al sacerdote, ya, de seguro, él lo ha escuchado en varias ocasiones anteriormente. Anímate y confiésate, aunque sea con un sacerdote que no te conozca. Sin lugar a dudas, cuando lo hagas, te vas a sentir muchísimo mejor.

¿Por qué alaban tanto a la Virgen si el que murió en la cruz fue Jesucristo y en la Biblia no aparece tanto la Virgen? Yo creo en ella, pero no la idolatro porque Dios dice en su Palabra que Él es celoso y que no debemos de hacernos estatuas.

Gracias de antemano y que Dios lo siga bendiciendo, María Elena

¿Nunca le has dicho a tu madre lo mucho que la quieres? Yo tuve la dicha de decírselo muchas veces. Bien sabía que Dios fue el que me dio la vida y a Él lo tengo por encima de todo. A Dios lo alabo, lo bendigo, lo adoro y lo llevo, conmigo, en el centro de mi corazón. Sin embargo, aun sabiendo que Dios es, era y siempre será el propósito y la razón de mi vida, no obstante, siempre ha habido un lugar muy especial para mi madre en mi corazón. Algo así pudiéramos decir sobre nuestra madre María. Dios es todo para nosotros. Sin embargo, ella ocupa un lugar muy especial en nuestro corazón. ¿Por qué? Porque fue la escogida por el mismo Dios para ser la madre del Verbo Encarnado; es decir, de Jesucristo. Fue el Ángel Gabriel quien le dijo: "Alégrate, llena de gracia. El Señor está contigo". (Lucas 1, 28) Seguidamente, le dice: "No temas, María, porque has encontrado el favor de Dios" (Lucas 1, 30)

Ella es la escogida entre todas las mujeres para ser la madre del Hijo Encarnado. (Lucas 1, 31) Si bien es cierto que nuestra Santísima Madre es la escogida y la favorecida por Dios, ella es la mujer humilde que no quiere hacer otra cosa, sino que la Santa Voluntad de Dios. Por lo tanto, le dice al Ángel: "Yo soy la sierva del Señor, hágase en mi tal como has dicho". (Lucas 1, 38)

> Alégrate, llena de gracia.
> El Señor está contigo.
> *(Lucas 1, 28)*

De María podemos decir tantas cosas, pero tal vez, lo más importante es que ella es capaz, con la gracia de Dios, de rendirse a Él total y completamente para que Él haga en ella, según Su Santa Voluntad. Si tú y yo y todos los que nos llamamos cristianos hiciéramos como María, de seguro que este mundo sería mucho mejor. Es por eso que, para nosotros, la Virgen María, es alguien, no sólo a quien amamos muchísimo, pero es alguien que, con su ejemplo, nos indica el estilo de vida que todo cristiano debe de asumir.

Tengo una duda, o mejor dicho una inquietud. Quisiera saber si yo, o cualquier creyente puede rezar en conjunto con algún enfermo en su hogar. ¿Se puede hacer o tienes que ser Ministro de la Eucaristía?

Saludos, Juan Manuel—Buenos Aires, Argentina

Una de las obras de misericordia es visitar a los enfermos. Jesús dijo: "Estuve enfermo y fueron a visitarme" (Mateo 25, 36) y los justos preguntaran: "Señor, "¿Cuándo te vimos enfermo y en la cárcel y fuimos a verte? El Rey responderá: 'En verdad les digo que, cuando lo hicieron con alguno de los más pequeños de estos mis hermanos, me lo hicieron a mí". (Mateo 25, 39-40)

Si además de visitar a los enfermos, podemos orar por ellos, es aún mejor todavía. Por lo tanto, no tiene que ser un ministro de la eucaristía el que ore. Puede y debe ser cualquier creyente. Esto, por supuesto, siempre y cuando, se haga con el consentimiento del paciente y de la familia, si la oración se hace en voz alta.

Finalmente, la Palabra de Dios nos dice: "con Él (Jesús) tenemos la certeza de que, si le pedimos algo conforme a Su Voluntad, nos escuchará. Y si nos escucha en todo lo que le pedimos, sabemos que ya tenemos lo que le hemos pedido". (1 Juan 5, 14-15)

¿Cuál es la religión verdadera? Estoy en duda porque yo soy católica, pero me invitaron a una Iglesia Evangélica y me siento confundida porque no quisiera burlarme de Nuestro Padre Celestial.

Saludos, Angélica

La única iglesia establecida por nuestro Señor Jesucristo tiene cuatro rasgos o cuatro características. Primera característica es que la Iglesia fundada por nuestro Señor Jesucristo es UNA. Es decir: una en gobierno; una en autoridad. Jesús no vino a fundar un sin número de iglesias cristianas, sino que vino a fundar una sola: "sobre esta piedra edificaré mi Iglesia" no mis iglesias. (Mateo 16, 18)

Segunda característica: la iglesia fundada por Jesús, además de ser una, es SANTA. No porque los miembros de la Iglesia de Jesucristo seamos santos, sino porque el mismo Jesús promete a sus discípulos que enviará el Espíritu Santo. (Juan 16, 12) Es la presencia del Espíritu Santo en la Iglesia lo que hace que la Iglesia sea santa. Y es el día de Pentecostés que la Iglesia de Jesús recibe el Espíritu Santo prometido. (Hechos 2, 1-10) Además de ser una y de ser santa, la Iglesia de Jesucristo es CATÓLICA. (Mateo 28, 19-20) Es decir, Jesús quiere que todos nos salvemos. (1 Timoteo 2, 4) Es por eso que tanto el mensaje de Jesús como Su acto salvífico en la cruz, es para todo el que lo quiera aceptar.

Finalmente, la Iglesia fundada por Jesús es APOSTÓLICA. Esto quiere decir que la única iglesia de Jesucristo no fue fundada por ningún pastor; es decir, por ningún hombre o ninguna mujer, sin autoridad alguna para fundar Iglesias separadas de la Iglesia fundada por Jesús, sino que fue el mismo Jesús quien la fundó sobre Pedro y los demás apóstoles. (Mateo 16, 18)

Siempre he sido muy católico, sin embargo, ahora Satanás me hace cuestionar sobre entrar al Cielo. Continúo haciendo mis buenas obras y yendo a Misa, pero ya prácticamente no tengo emoción de amor, ni de fe, ni llanto, ni de ninguna otra clase de sensación, además me hace dudar sobre adorar a Dios. Le suplico responda mi pregunta y me ayude a elevar mi fe quebrantable y sobre todo a liberarme de esta tensión que el maligno me tiene atado en un pozo de agua estancada.

Gracias y que Dios le bendiga, Anónimo—Costa Rica

La fe no es cuestión de sentir bonito. La verdadera fe es la decisión de vivir a cada momento en sumisión a la voluntad de Dios. Sientas bonito o no sientas nada. La salvación no la vas a ganar tú solo con tus buenas obras. Ya Jesús la ganó por ti en una cruz, en el Calvario. Para alcanzar la salvación la Santa Biblia sólo nos pide que tengamos fe en Jesucristo. Dice la Palabra de Dios lo siguiente: "Por la fe, pues, hemos sido hechos justos"; es decir, dignos de Dios, y estamos en paz con Dios por medio de Jesucristo, nuestro Señor. Por él hemos tenido acceso a este estado de gracia e incluso hacemos alarde de esperar la misma Gloria de Dios". (Romanos 5, 1-2)

Por la fe, pues, hemos sido "hechos justos"...

(Romanos 5, 1-2)

Esto, no sólo está en la Santa Biblia, sino que es enseñanza de la Iglesia Católica. Las obras por si solas no salvan, lo que salva es la fe en Ese que dio su vida por ti y por mí, por amor para que tú y yo no muriéramos, sino que para que creyendo en Él tengamos salvación y vida eterna. (Juan 3, 16)

Ahora, eso sí, tenemos que estar seguros de lo que significa "tener fe en Jesucristo". Fe es un don de Dios, es una de las tres "virtudes teologales"; es decir, medios que nos impulsan hasta el mismo Trono de Dios. Pero, como dije anteriormente, la fe es la decisión que tomamos cada día de vivir bajo el Señorío de Cristo. De ahí que Jesús nos va a decir: "El que persevera hasta el final, ese se salvará". (Mateo 24, 13)

Es por eso que el que tiene fe en Cristo, ama a Jesucristo y el que ama a Jesucristo, actúa, obra, más y más como Cristo. (Santiago 2, 14-19, 26)

Estoy casada con un musulmán y quiero saber si tengo la posibilidad de poder comulgar sin tener el Sacramento del Matrimonio.

Anónima

No. Para poder recibir a Nuestro Señor Jesucristo en la Santa Comunión, si estás casada, tiene que ser por la Iglesia. Quiero decirte que yo conozco de matrimonios, como el tuyo, en que ella es católica y él musulmán y se han casado no sólo por lo civil, pero por la Iglesia también. Al hacer esto, aunque él no participe de la Eucaristía, ella bien puede recibir al Señor en el banquete eucarístico. ¿Por qué no hablas con él y le pides matrimonio en la Iglesia Católica? Estoy seguro que él te ama mucho y ¡quedarás sorprendida cuando te diga que sí!

Estimado Padre Pedro, estoy sintonizando su programa, y escucho su comentario respecto a las relaciones de parejas que no han contraído matrimonio religioso, que estamos cayendo en pecado. Mi pregunta va en torno a la validez del matrimonio natural que mantenemos mi pareja y yo. Nosotros aún no nos casamos vía matrimonio religioso, pero si mantenemos matrimonio natural. ¿Entonces no estamos cayendo en pecado? ¿Por qué estaríamos cayendo en pecado si nos mantenemos en matrimonio natural? ¡Saludos Padre! Le agradecemos desde ya por su aclaración.

Alex, Melina y nuestra hija Pilar de Jesús—
Huánuco, Perú

Como bien usted sabe, el matrimonio natural o el matrimonio civil es un contrato entre dos personas ante la sociedad. Ese contrato se puede disolver con un divorcio civil. Por otra parte, el propósito del matrimonio eclesiástico es para invitar a Jesucristo a ser parte importantísima de esa unión. Alianza que no solo hace la pareja entre sí de amarse y serse fiel el uno al otro, en las buenas y en

Lo que Dios ha unido...

(Mateo 19, 6)

las malas, en la salud y en la enfermedad hasta que la muerte los separe, sino que es una alianza que la pareja hace con Dios, de vivir el uno para el otro. Ese juramento se hace ante el Señor, en la Iglesia y es para siempre. Es por eso que el Señor Jesús dice: "Lo que Dios ha unido, que el hombre jamás lo separe". (Mateo 19, 6) El matrimonio eclesiástico es un sacramento y, por lo tanto es un acuerdo muy sagrado. La Iglesia enseña que sólo las personas casadas sacramentalmente pueden recibir la Santa Comunión, ya que, al no estar en una alianza sacramental, la pareja no está casada según la Voluntad de Dios.

Hola Padre Pedro: Podría explicar la parte del Evangelio de San Mateo 15, 21-28, más precisamente cuando la mujer le responde a Jesús: "los cachorros comen las migas que caen de la mesa de sus amos", entonces Jesús le dijo: "¡Mujer qué grande es tu fe! ¡Qué se cumpla tu deseo!" ¿Qué quiso decir la mujer? ¡Gracias Padre!

Saludos, Verónica—Santiago del Estero, Argentina

En (Mateo 15, 21-28)—Dice la Santa Biblia que Jesús se encontraba en el territorio pagano de Tiro, ciudad situada en el sur del Líbano. Una mujer cananea, es decir, una mujer que no creía en el único y verdadero Dios, se acercó a Jesús pidiendo que ayudara a sanar a su hija que estaba afligida por una enfermedad a la que ella llama "demonio". Al principio, Jesús no le contesta. No era correcto, de acuerdo a la cultura de aquellos tiempos, que una mujer le hablara a un hombre en público. La mujer no se da por vencido y ésta es la enseñanza básica de todo el pasaje. Ella sigue insistiendo en su oración a Jesús, pidiéndole que sanara a su hija. Es entonces que Jesús, usando las palabras que hubiera utilizado un judío de su época le dice: "No se debe echar a los perros el pan de los hijos". (Mateo 15, 26) Los judíos se consideraban a sí mismos los hijos de Dios, porque, al fin y al cabo, eran hijos de Abraham, el Padre de la Fe. La mujer pagana, impulsada por la fe en ese que tenía delante de ella, dice: "Es verdad, Señor, pero también los perros comen las migajas que caen de la mesa de sus amos". (Mateo 15, 27) Diciendo, en otras palabras, que, al igual que los perros que comen lo que queda, ella también necesitaba cualquier bendición que le sobrara a Jesús para que se la diera a su hija enferma. La historia termina con las palabras de Jesús quien le dijo a aquella mujer que no se daba por vencida en su oración: "Mujer, ¡qué grande es tu fe! Que se cumpla tu deseo". (Mateo 15, 28)

Mujer,
¡qué grande es tu fe!
(Mateo 15, 28)

En aquel momento, concluye la historia, su hija quedó sana. Son muchas las lecciones que podemos aprender de esta historia. La que deseo que lleves a tu corazón en este día es que nunca te des por vencido con Dios y verás que lo que pides si es para tu bien y el bien de tu familia, se cumplirá de la manera y en el momento de Dios.

Padre, conozco familias que guardan las cenizas de sus muertos en el hogar. ¿Es esto correcto?

Nicolás

¡NO ES CORRECTO! Primero, porque, como dice la Santa Biblia: (Génesis 3, 19) debemos regresar al polvo de donde vinimos. En el caso de nosotros, los cristianos, es importante dar cristiana sepultura a los cuerpos de nuestros familiares y amigos, ya que es una manera reverente de tratar el cuerpo que fue el cofre del alma del que murió. Además, dar sepultura a las cenizas de un difunto, desde el punto de vista psicológico, es dejar ir a esa persona a la presencia de Dios y ya no seguir atados, sicológicamente, a ella.

Querido Padre Pedro: Estoy casada y con mi esposo no hemos tenido hijos. Nunca me embaracé y hace como dos años perdí toda esperanza de tener hijos pues me hicieron una histerectomía (me extirparon el útero y las trompas). Muchas veces he escuchado que el matrimonio cristiano está hecho para procrear, y que su sentido se cumple en los hijos. Pero, ¿qué pasa con los matrimonios que no tuvimos hijos? ¿Tenemos alguna importancia dentro de la Iglesia? ¿Cuál es nuestra misión? ¿El sexo sigue siendo parte de la intimidad o ya no es necesario? Espero pueda responderme, es importante para mí.

Soledad—Chile

Me imagino que usted tuvo esa operación debido a circunstancias de salud. La relación sexual en el matrimonio tiene dos funciones básicas: Una de ellas, como bien usted dice es con el propósito de estar abiertos a la vida; es decir, de procrear. (Génesis 1, 28) - La segunda función es para que la pareja se pueda unir más íntimamente y los dos lleguen a ser una sola carne. (Génesis 2, 24) Y no sólo corporalmente, pero en todo el sentido de la palabra. La relación sexual entre ustedes, aunque no puedan procrear, es, por lo tanto, de imperativa importancia. La misión de ustedes es seguir amándose cada vez más y dar ejemplo a otros de que tanto, el amor como el compromiso de amarse y de serse fiel el uno al otro hasta que la muerte los separe. Esto es posible cuando Jesús está en el centro de esa relación matrimonial.

¿Elías no sufrió muerte y está en el Cielo? Gracias,
Daniel Montes—Colombia

Todo lo que sabemos es lo que nos dice la Santa Biblia. Esto se encuentra en el Segundo Libro de Reyes, en el cual está escrito lo siguiente: "Iban conversando (Elías y Eliseo, su ayudante) mientras caminaban, cuando un carro de fuego, con sus caballos de fuego los separó al uno del otro: Elías subió al Cielo en un torbellino. Eliseo lo vio y gritaba: "¡Padre mío! ¡Padre mío! ¡Carro de Israel y su caballería!" Luego no lo vio más. Tomo entonces su ropa y la partió en dos. Eliseo recogió el manto de Elías que había caído cerca de él y se envolvió". (2 Reyes 2, 1, 11-13)

Soy católico, tengo una novia que es evangélica. Una vez me acompañó a la Santa Misa, y en el momento de la comunión me preguntó si podía comulgar. Le dije que no, porque sé que nuestros hermanos separados se confiesan directamente con Dios, y no por el Sacramento de la Confesión como nosotros los católicos, para posteriormente recibir a Jesucristo en la Eucaristía. Además, sé también, que ellos celebran "La Santa Cena" donde hacen la representación de la Última Cena del Señor, pero lo toman como un acto simbólico, es decir, ellos no creen que Jesucristo está presente en el pan y en el vino (lo hacen como un recordatorio). Mi pregunta es, ¿qué consecuencias habría si un hermano separado comulga sin haberse confesado ante un sacerdote y sin creer que Jesús está presente y vivo en la hostia?

Gracias, José—Lima, Perú

Para recibir la Santa Comunión hay que estar en estado de gracia; es decir, haber confesado cualquier pecado mortal cometido. San Pablo dice lo siguiente sobre este asunto: "El que come el pan o bebe la copa del Señor indignamente peca contra el cuerpo y la sangre del Señor. Cada uno, pues, examine su conciencia y luego podrá comer el pan y beber de la copa. El que come y bebe indignamente, come y bebe su propia condenación por no reconocer el cuerpo". (1 Corintios 11, 26-29) Por otra parte, hay que preguntar si ella fue bautizada católica. Si así fue y ella desea acercarse a la Iglesia y a los sacramentos, ayúdala a que hable con un sacerdote de tu confianza para que le haga todas las preguntas que ella tenga sobre la fe. Pienso yo que, si ella desea comulgar, tal vez desee conocer la fe católica. Cuando hables con el sacerdote, pregúntale si en su parroquia tienen clases para los que están interesados en conocer más de cerca la fe católica, o si el conoce de alguna parroquia que las tenga. La mayoría de las parroquias, al menos en los Estados Unidos, que es lo que más conozco, ofrecen cursos llamados RICA para todos aquellos que desean conocer más a fondo la doctrina católica. Invita a tu novia a participar. Sería fabuloso si tú pudieras participar con ella.

Que cada uno examine su conciencia...
(1 Corintios 11, 26-29)

Me gusta ver mucho sus programas, me llenan de paz y edifican mi alma. Tengo una niña de 15 años. Cuando rezamos el Rosario ella lo reza acostada y dice que no importa. Le dije que le iba a preguntar a usted, que nos diera su opinión.

Su hija en Cristo Jesús, Lili—México

Siempre se debe de buscar una postura en que uno se sienta confortable cuando se prepara para orar; ya bien sea el Santo Rosario como cualquiera otra oración. Por otra parte, no debemos de ponernos demasiado confortables, ya que existe el peligro que nos quedemos dormidos y no terminemos la oración. Recuérdale que, si bien es cierto, al orar estamos hablando con el Amigo que nos ama infinitamente (Jesús), también Él es la persona más importante de todo el universo y, por lo tanto, debemos estar atentos, no sólo en lo que le decimos en la oración, pero en lo que Él nos pueda decir a través de ella.

Padre Pedro, ¿usted conoce a alguien más que el Padre Pio de Pieltrecina; que tuvo el poder o la gracia de la bilocación?

Luis—Miami

La Iglesia Católica reconoce el don de la bilocación. Es decir, por gracia de Dios, el poder estar en dos lugares a la misma vez. Entre ellos se encuentran: San Francisco de Asís, San Antonio de Padua, Santa Ludwina, San Francisco Javier, San Martín de Porres, San Pedro Regalado, San José de Cupertino, San Alfonso de Ligorio, San Juan Bosco, San Pío de Pietrelcina, Sor María de Jesús de Ágreda, Sor María de León Bello y Delgado y Sor Úrsula Micaela Morata. Me imagino que habrán otros, pero, al menos estos son los que conozco que han sido reconocidos por la Iglesia como personas que tuvieron este especial don de Dios para mejor poder servir a la humanidad.

Si Adán fue formado del polvo y Eva fue formada de la costilla de Adán, ¿entonces Eva fue formada de diferente material?

Luis

Si y no. Lo que dice la Santa Biblia es que, primero, Dios crea al hombre con polvo de la Tierra. Es decir, con barro. (Génesis 2, 7) Más adelante, crea a la mujer. Pero no la crea de un material diferente a la materia del hombre, sino que, de la materia del hombre, crea a la mujer. (Génesis 2, 22-23) La crea con materia muy cerca del corazón del hombre. ¡Tremenda enseñanza nos da este pasaje! ¿Y cuál es la enseñanza? Que Dios crea a la mujer no de los pies del hombre para que él aplaste su dignidad. No la crea de la cabeza del hombre para que ella lo domine, sino que lo crea de un lado de su corazón, para que los dos se amen de tal manera que puedan llegar a ser un solo ser.

Es por eso que la Santa Biblia nos dice: “La Palabra de Dios es viva y eficaz, más penetrante que espada de doble filo, y penetra hasta donde se dividen el alma y el espíritu... y no hay criatura a la que su luz no pueda penetrar”. (Hebreos 4, 12-13)

varón y hembra
los creó...
(Génesis 1, 27)

La otra gran enseñanza de este pasaje es que Dios ha creado al ser humano a imagen y semejanza Suya. “Creó, pues, Dios al hombre a imagen suya, a imagen de Dios lo creó; varón y hembra los creó”. (Génesis 1, 27) A diferencia del resto de las criaturas vivientes que sólo tienen cuerpo y alma mortal, el ser humano tiene también alma inmortal”. En esto se asemeja a Dios, a Ese que no tiene fin.

Requiero que me aclare algo. Asistí a una boda civil, el novio ya se había casado por la Iglesia Católica por lo que sólo se podía casar por lo civil. Sin embargo, un cura asistió y realizó como una mini ceremonia. Leyó una lectura y realizó lo que es el intercambio de anillos y al final echó la bendición. ¿Esto se puede hacer?

Saludos, Jenny—Venezuela

¡NO! Ya que, al bendecir a los novios, está, por lo menos ante el público presente, bendiciendo la unión entre ambos. El matrimonio es un sacramento que ningún notario ni abogado ni juez de paz puede disolver, ya que es una alianza entre la pareja y el mismo Jesucristo. (Mateo 19, 6) Sólo cuando la Iglesia declara que, por la razón que haya sido, que lo que parecía ser un sacramento nunca lo fue, entonces el sacerdote puede participar y la pareja se puede casar por la Iglesia.

Padre, desde hace muy poquito estoy volviendo a rezar. A veces me dejo llevar por la ira y el enojo. ¿Qué me recomienda? Voy a la Iglesia y aún sigo así. Quiero cambiar.

Gracias, Juan—Buenos Aires, Argentina

Lo más importante es que genuinamente estás tratando de cambiar, así que ¡ya Dios ha hecho el primer milagro en ti! Te recomiendo que no te des por vencido. Satanás va a tratar de desilusionarte a tal punto que ya, ni quieras ir a la Iglesia, ni tampoco rezar. Es siempre mucho más fácil regresar a lo que éramos antes de caminar con Dios, que seguir caminando con Él, en las buenas y en las malas.

Es por eso que la Palabra de Dios nos dice: "El necio da libre curso a la ira y el enojo, el sabio domina la suya y la calma". (Proverbios 29, 11) De ahí, San Pablo afirma diciendo: "Quiero, pues, que los hombres oren en toda ocasión, levantando manos santas, sin ira ni contienda." (1 Timoteo 2, 8)

Quiero que oren en toda ocasión...

(1 Timoteo 2, 8)

Recuerdo haber leído en la Biblia que Dios se enojó mucho por qué les oraban a los ángeles. No recuerdo en qué libro lo leí y tengo una confusión por qué antes yo rezaba al ángel de la guarda y desde entonces lo deje de rezar. Pero yo he escuchado al Papa decir que recemos a los ángeles, al ángel de compañía o de compañero de viaje. ¡Ayúdeme! Saque de mi cabeza esa duda con la ayuda de Dios.

Bendiciones, Armida

Pedir la intercesión de los ángeles no es malo. ¡Por el contrario! Ellos son mensajeros del Señor y, por lo tanto, están muy cerca de Él. San Pablo, hablando de la importancia de la oración de intercesión, nos exhorta a orar los unos por los otros. (Efesios 6, 18) ¡Imagínate! Podemos y debemos orar los unos por los otros. Nosotros que, en comparación con los ángeles, estamos tan lejos de Dios y, sin embargo, orar los unos por los otros es voluntad de Dios. Si esto es cierto, y lo es, entonces cuanto más debemos pedirles a los ángeles que lleven nuestras oraciones a la presencia del Señor.

En ningún pasaje de la Biblia se prohíbe que oremos a los ángeles. Sin embargo, hay un pasaje en el Libro del Apocalipsis que lo que nos prohíbe hacer es adorar a los ángeles, ya que la adoración es el culto que exclusivamente se le debe de dar a Dios. Y lo que "adoración" significa es poner a Dios por encima de todo lo demás en nuestra vida. El pasaje bíblico dice así: "Yo, Juan, vi y oí todo esto. Al terminar las palabras y las visiones caí a los pies del ángel que me había mostrado todo esto, para adorarlo, pero él me dijo: 'No lo hagas, yo soy un servidor como tú y tus hermanos los profetas y como todos los que escuchan las palabras de este libro. A Dios tienes que adorar'". (Apocalipsis 22, 8-9)

Tenemos 21 años de casados y tres hijas hermosas con las que Dios nuestro Señor nos ha bendecido. Mi esposa y yo pocas veces tuvimos relaciones sexuales satisfactorias, y digo tuvimos porque actualmente llevamos seis años sin tenerlas. ¿La razón? A ella no le gusta hacerlo. Yo nunca le he sido infiel. ¿Cómo puedo lograr ser célibe o ya por lo menos practicar la castidad? Deseo arduamente su orientación.

Muchas gracias, Manuel—Jalisco, México

Ante todo te felicito por tu fidelidad a tu esposa. Estoy seguro que sólo con la Gracia de Dios has podido sobre llevar tu matrimonio por seis años sin tener relaciones íntimas. Tú me preguntas como lograr ser célibe o practicar la castidad. Yo te pregunto: ¿qué has hecho tú para ayudar a tu esposa a sentir el deseo de unirse a ti en una relación íntima? Al fin y al cabo, la relación sexual en el matrimonio sacramental es invento del mismo Dios con el propósito de que el hombre y la mujer lleguen a ser una sola carne, como bien dice la Santa Biblia en (Génesis 2, 24).

Y los dos serán uno...

(Génesis 2, 24)

¿Por qué no hablas con un buen ginecólogo para ver que tratamiento te recomienda para ayudar a tu esposa a sentir deseo por ti, que es lo más natural? Si eso fracasa, y espero que no, entonces hablar con un terapista familiar acreditado y cristiano que pueda ayudar a tu esposa a encontrar la causa de su rechazo. Termino recordándote lo que dice la Santa Biblia en relación a tu situación: "Que el marido cumpla con sus deberes de esposo y lo mismo la esposa. La esposa no dispone de su cuerpo, sino el marido. Igualmente, el marido no dispone de su cuerpo, sino la esposa". (1 Corintios 7, 3-5)

He visto algunos vídeos de usted y la verdad me han gustado. Mi pregunta es la siguiente. Usted tiene un video que hace referencia a la Gran Ramera. En dicho video usted recomienda leer la historia. Busqué información, pero no sé si es la correcta. ¿Podría usted hacer un nuevo vídeo ahondando más en el tema por favor? Estoy segura que más gente tiene la misma pregunta. Gracias y que Dios lo continúe bendiciendo y le siga dando palabra para enseñar.

Alicia—Connecticut

La Gran Babilonia (Apocalipsis 7, 1-6) en lenguaje bíblico simboliza el poderío que le da la espalda a Dios. En particular, es la ciudad o pueblo, perseguidores de los primeros cristianos. Si leemos este pasaje con cuidado podemos sacar algunas conclusiones sobre la mencionada prostituta: a) Está ligada a una bestia. La Bestia es un imperio potente y anticristiano. b) La mujer está identificada con la realeza, ya que va vestida de púrpura, color que solo vestían los muy ricos. c) Además la mujer es rica pues está enjoyada. d) Esta mujer ha fornicado siendo infiel a su Señor. e) Finalmente, esta prostituta es la que persigue a los primeros cristianos de la Iglesia. Esta descripción nos deja sólo dos posibilidades en cuanto a la identificación de la Ramera: Una posibilidad es la Roma Imperial o la Ciudad de Jerusalén, ciudad que también fue establecida sobre siete Colinas.

Hay que tener en cuenta que Roma, o el Imperio Romano, no estaba aliada con ningún poder. Roma era el poder más grande del momento. Jerusalén sí se alió con Roma para matar al Mesías y perseguir a los Cristianos como narran los Hechos de los Apóstoles, al igual que la historia de los tres primeros siglos. El libro del Apocalipsis: Apocalipsis 17, 16-17, dice que la "bestia odiará a la Prostituta y la dejará solitaria y desnuda". Si concluimos que la bestia es Roma ahora esto adquiere sentido pues Roma (y sus vasallos orientales) después de aliarse con Jerusalén, la destruye y la abandona en el año 70 de nuestra era. La Santa Biblia continúa diciendo: "Tiene soberanía sobre los Reyes de la Tierra". Esto apunta hacia Roma, pero no olvidemos que Jerusalén era el poder político en la zona y que bajo la sombrilla de Roma gobernaba grandes extensiones de pueblos vecinos. La expresión "tierra" también se utiliza en Griego para "países vecinos".

En el Antiguo Testamento, los profetas llaman repetidamente "Prostituta" a Jerusalén y al país de Israel, JAMÁS a Roma. En el libro del profeta Oseas, leemos: "Cuando Yavé comenzó a hablar por medio de Oseas, le dijo al profeta: 'Vete y cásate con una de esas mujeres que se entregan a la prostitución sagrada y ten hijos de esa prostituta. Porque el país se está prostituyendo al apartarse de Yavé.' Fue, pues, y tomo a Gomer, hija de Diblayim. Ella quedó esperando y le dio luego un hijo". (Oseas 1, 2)

Cásate con una prostituta...

(Oseas 1, 2)

Otra cosa interesante es que los Sumos Sacerdotes de Israel se vestían de púrpura, con un pectoral que contenía doce piedras preciosas, las cuales representaban las doce tribus de Israel. Finalmente, si leemos (Apocalipsis 11, 8) nos damos cuenta de que esa Gran Ciudad a la que Juan llama "Sodoma" o "Egipto" no es ni siquiera Roma, sino que es Jerusalén, porque es en Jerusalén donde nuestro Señor Jesucristo fue crucificado. Ese pasaje, en su totalidad, dice así: "Ahora sus cadáveres están tendidos en la plaza de la Gran Ciudad, que los creyentes llaman Sodoma o Egipto, en la que también su Señor fue crucificado".

Padre Pedro, en Marcos 7, 21 dice: "No todo el que me dice Señor, Señor entrará en el reino de los cielos, sino el que hace la Voluntad de mi Padre que está en los cielos". Quisiera saber específicamente, cuál es entonces la VOLUNTAD DE DIOS, y si hay algún capítulo de la escritura que haga referencia a cuál es dicha voluntad.

Profesor Ramón Moncayo—Venezuela

Ante todo, el decir que Jesús es Señor, implica que no solo Él es el Señor y Dios de todo lo que existe, visible e invisible, sino que, al decir que Jesús es Señor, lo estamos proclamando Señor de nuestra vida. Esto significa que, desde el momento en que lo proclamamos "Señor" le tenemos que dar el mando de nuestra vida a Él. Si vamos a ser honestos tenemos que preguntarnos con frecuencia: Que haría Jesús en esta situación particular y honestamente contestarnos. Después, hacer lo que sabemos que Él haría y no necesariamente lo que queremos hacer nosotros. Dios quiere que todos nos salvemos. La Santa Biblia dice: "Dios quiere que todos los hombres se salven, llegando al conocimiento de la Verdad. (1 Timoteo 2, 4)

Dios quiere que todos se salven...

(1 Timoteo 2, 4)

Pero, si bien es cierto que Dios quiere que todos nos salvemos, también es cierto que, al aceptar a Jesús como Señor, debemos de vivir en santidad; es decir, tomar la decisión de vivir bajo el Señorío de Jesucristo. Sobre esto, el Apóstol San Pedro nos aconseja: "Si han aceptado la fe, no se dejen arrastrar ya por sus pasiones como lo hacían antes, cuando no sabían. Si es santo el que los llamó, también ustedes han de ser santos en toda su conducta, según dice la Escritura: Sean santos, porque yo soy santo". (1 Pedro 1, 14-16)

Y San Pablo nos recuerda que hemos sido revestidos de Cristo. Por eso, nos dice el Apóstol: "Por eso, no más mentiras; que todos digan la verdad a su prójimo, ya que todos somos parte del mismo cuerpo. Enójense, pero sin pecar; que el enojo no les dure hasta la puesta del sol, pues de otra manera se daría lugar al demonio. El que robaba, que ya no robe, sino que se fatigue trabajando con sus manos en algo útil y así tendrá algo que compartir con los necesitados. Que no salga de sus bocas ni una palabra mala, sino la palabra justa y oportuna que hace bien a quien la escucha. Arranquen de raíz de entre ustedes disgustos, arrebatos, enojos, gritos, ofensas y toda clase de maldad. Más bien sean buenos y comprensivos unos con otros, perdonándose mutuamente como Dios los perdonó en Cristo". (Efesios 4, 25-29, 31-32)

Finalmente, el Apóstol nos aconseja diciendo: "Examinen, pues, con mucho esmero su conducta. No anden como tontos, sino como hombres sensatos. Aprovechen el momento presente, porque estos tiempos son malos. Por tanto, no sean irresponsables, sino traten de comprender cuál es la voluntad del Señor". (Efesios 5, 15-17)

Padre Pedro, le doy gracias a Dios por haberlo conocido a usted, que ilumina mi vida con la Palabra de Dios. Padre, tengo una duda. ¿Nosotros los católicos podemos ser donantes de órganos en un momento dado de nuestras vidas, o al momento de morir, estos pueden ser donados por la legislación del país? Mi madre que es también católica, dice que no podemos ser donantes porque en el momento de la resurrección debemos estar completos ante Dios. ¿Entonces por qué si me dice que se puede donar sangre?

Liz—Bogotá, Colombia

Claro que si podemos donar nuestros órganos para que alguien se beneficie de lo que Dios nos ha dado. La Palabra de Dios nos dice: "Den, y se les dará; se les echará en su delantal una medida colmada, apretada y rebosante. Porque con la medida que ustedes midan serán medidos ustedes". (Lucas 6, 38) Así que a nosotros nos toca compartir de lo que Dios nos ha dado, incluso, lo que sirva de nosotros, después de muertos. Ya el Señor Dios se encargará de formarnos de nuevo cuando resucitemos con nuestros cuerpos gloriosos, en el Cielo.

Den,
y se les dará...
(Lucas 6, 38)

Fíjate que hermoso lo que dice la Santa Biblia sobre la resurrección de los cuerpos: "Lo mismo ocurre con la resurrección de los muertos. Se siembra un cuerpo en descomposición, y resucita incorruptible. Se siembra como cosa despreciable, y resucita para la gloria. Se siembra un cuerpo impotente, y resucita lleno de vigor. Se siembra un cuerpo animal, y despierta un cuerpo espiritual". (1 Corintios 15, 42-44)

¿Me puede hacer el favor de explicar a qué se refiere el texto Apocalipsis 22, 16-17? ¿A cuál ángel se refiere?
Muchas gracias y que Dios lo bendiga, Margot

"Yo Jesús he enviado mi ángel para daros testimonio de estas en las iglesias. Yo soy la raíz y el linaje de David, la estrella resplandeciente de la mañana". (Apocalipsis 22, 16-17) Estas son las palabras del Señor Jesús casi al final de este último libro de la Santa Biblia. Una vez que se ha revelado la majestuosa gloria de Jesús resucitado, lo cual es materia del libro de Apocalipsis, Jesús pone su sello de garantía en todo lo escrito para decir: Yo, Jesús, he enviado mi ángel para declarar todo esto a las iglesias. Esta declaración de Jesús tiene al menos un par de implicaciones importantes.

Por un lado, muestra a Jesús como Dios por cuanto tiene potestad para comisionar a un ángel o mensajero. Solamente alguien como Dios puede dictar órdenes a los ángeles. Jesús cumple con esa condición. Por otro lado, significa que el mensaje que el apóstol Juan escribió en el libro de Apocalipsis se originó realmente en Jesús. Por decirlo así, Jesús es el Autor intelectual de todo lo que el Apóstol Juan escribió en el libro de Apocalipsis.

Él es el dueño del mensaje. El ángel fue solamente un intermediario entre Jesús, el dueño del mensaje y Juan, el receptor del mensaje y quien debía dar a conocer ese mensaje a las iglesias. Esto concuerda plenamente, y se sustenta en lo que tenemos en (Apocalipsis 1, 1) donde dice: "La revelación de Jesucristo, que Dios le dio, para manifestar a sus siervos las cosas que deben suceder pronto, y la declaró enviándola por medio de su ángel a su siervo Juan". El libro de Apocalipsis es un libro único en muchos sentidos.

Uno de ellos es por la forma en la cual fue dado. Por lo que dice (Apocalipsis 1, 1) podemos afirmar que Dios el Padre dio la revelación a su Hijo; el Hijo entregó esta revelación al apóstol Juan, pero no directamente, sino a través de una tercera persona, el ángel, el mismo ángel de quien habla Apocalipsis 22, 16, quien fue utilizado por Jesús como un intermediario. El apóstol Juan entonces, una vez que lo recibió del ángel, lo entregó a las Iglesias. Así es como fue dado el libro de Apocalipsis. La gran pregunta es: ¿Quién fue este ángel que recibió la revelación de Jesucristo y la entregó al Apóstol Juan? Bueno, el Nuevo Testamento no revela su nombre. Simplemente fue uno de los tantos ángeles o mensajeros que están al servicio de Dios. Si no se ha revelado el nombre de este ángel es porque no tiene importancia para el propósito del libro de Apocalipsis, el cual es descorrer el velo para poder así, a través del contenido de este libro, contemplar la gloria del Jesús resucitado.

¡Saludos Padre! Soy protestante y creo que, en vez de pleitear y discutir por detalles doctrinales, deberíamos unirnos en causas nobles como la defensa de la vida que en América Latina perfectamente la puede liderar la Iglesia. ¡Saludos Padre y que Dios os colme de bendiciones y paz!

David

Ojalá más hermanos protestantes y evangélicos pensaran como tú, especialmente esos que siembran veneno en contra de la Iglesia, hasta el punto de decir que todos los católicos vamos a ir al infierno porque somos unos idólatras. Que pena me da con ellos porque, acusan sin conocer la teología de la Iglesia, pero también, porque parece ser que se les ha olvidado leer: (Mateo 7, 1-5) que nos recuerda que sólo Dios tiene el derecho de juzgar. Yo te felicito, porque lo que tú planteas es lo que el Señor Jesús oraba al Padre, cuando suplicaba, de rodillas, en el huerto de Getsemaní, mientras decía: "Que todos sean uno, como tú, Padre, estás en mí y yo en ti. Que ellos también sean uno en nosotros, para que el mundo crea que tú me has enviado," (Juan 17, 21) Dios permita que el amor

Padre,
que todos sean uno...
(Juan 17, 21)

triunfe en los corazones de todos los que nos llamamos cristianos y que juntos podamos, no sólo luchar por la defensa de la vida en América Latina, pero en el mundo entero y juntos, a través de nuestro testimonio de vida en Cristo, hacer de este mundo, un mundo mejor.

¿Cualquier sacerdote puede excomulgar?

Amalia

No, ningún sacerdote puede excomulgar. Ese derecho está reservado al Papa o a un Obispo particular, pero con la autorización del Papa. ¿Qué es una excomunión? Excomunión (latín ex, fuera de, y communio o communicatio, comunión --exclusión de la comunión), la censura principal y más severa, es una pena medicinal y espiritual que priva al cristiano culpable de toda participación, por, sobre todo, en la participación de los sacramentos. Siendo una pena, supone la culpabilidad; y siendo la pena más grave que la Iglesia puede infligir, naturalmente supone una ofensa muy grave. Es también una pena medicinal en lugar de vengativa, pues está destinada no tanto a castigar al culpable, sino a corregirlo y a traerlo de nuevo a la senda de la rectitud. Necesariamente, por lo tanto, contempla el futuro, ya sea para evitar la repetición de determinados actos culpables que tienen graves consecuencias externas, o, más especialmente, para inducir al delincuente a satisfacer las obligaciones contraídas por su ofensa. Un caso muy particular en el Nuevo Testamento, se encuentra en 1 Corintios 5, 4.—Es importante recordar que la excomunión, no sólo tiene un impacto social, pero también espiritual, ya que fue Jesús quien dijo a Pedro: "Lo que ates en la tierra quedará atado en el Cielo y lo que desates en la tierra quedará desatado en el Cielo". (Mateo 16, 19)

He sido muy bendecido desde el día de mi nacimiento por los padres que me tocaron y ahora por la familia que tengo. Mi esposa está un poco asustada pues he llegado a la conclusión que Lucifer NO es malo ni hay que temerle ni ponerlo como un dios, como muchas personas le dan poderes. Para mí sigue siendo un buen ángel, que hace caso y realiza la voluntad de Dios, realizando un filtro de personas. Pienso que el diablo ama a Dios muchísimo pues es el malo de la historia, pero él es necesario. Es un ángel que hace caso. Ayúdeme con esta inquietud pues no quiero ofender a Dios.

Alexander

Es que Lucifer no era malo cuando era Lucifer. Todo lo que Dios crea es bueno (Génesis 1) y Lucifer fue creado por Dios. La palabra "Lucifer" significa "Portador de Luz". ¿Luz de quién? Luz que es el mismo Jesús. (Juan 8, 12) Sin embargo, a Lucifer se le apaga la Luz, desobedeciendo a Dios y apartándose de Dios.

Desde ese instante, Lucifer se convierte "Príncipe de los demonios", conocido también con el nombre de "Satán" o Satanás, palabra que significa: "el adversario" en hebreo. En la Santa Biblia, en el libro del profeta Isaías, se nos presenta una alusión al pecado de soberbia que cegó a Lucifer: "¿Cómo caíste desde el cielo, estrella brillante, hijo de la Aurora? ¿Como tú, el vencedor de las naciones, has sido derribado por tierra? En tu corazón decías: Subiré hasta el cielo y levantaré mi trono encima de las estrellas de Dios, me sentaré en la montaña... subiré a la cumbre de las cumbres, seré igual al Altísimo". (Isaías 14, 12-14)

Seré igual al Altísimo...

(Isaías 14, 12-14)

Satanás es también la serpiente antigua, la que tentó a nuestros primeros padres, Adán y Eva. Esa serpiente también es conocida con el nombre de Diablo". (Apocalipsis 12, 9) Teniendo esto en mente, el decir que el Diablo es bueno y que ama a Dios, es una total contradicción de lo que enseña la Santa Biblia y la Teología Cristiana. Cuidado, por lo tanto, con teorías que nada tienen que ver con lo que el Espíritu Santo enseña a través de la Iglesia. El pretender saber más que Dios y Sus enseñanzas dadas a nosotros por la Iglesia instituida por Jesucristo sobre Pedro y los demás apóstoles, es un acto de soberbia. De ahí, que San Pablo advierte cautela porque llevados por el orgullo podemos caer en la misma condenación en que cayó el diablo".

Necesito me ayude. Tengo dos hijas, una de 18 años y la otra de 14, que no nos quieren acompañar a Misa. ¿Qué hago Padre? Ellas dicen que sí creen en Dios, pero que no les nace ir a Misa. ¿Las debo obligar a ir? Me siento tan impotente.

Amalia

Si usted viera a sus hijas que están por tirarse en un barranco, ¿qué haría? ¿Dejaría que se tiraran o las obligaría a desistir del suicidio? Usted, Amalia, es la pastora de sus hijas y Dios se las dio para que usted, con sus enseñanzas, su testimonio de vida y su amor a Dios, las llevara, como las llevaría el Buen Pastor, Jesucristo, por el camino de la vida hacia la meta que Dios tiene para ellas, que es el Cielo. Yo estoy seguro que sus hijas muchas veces no tienen deseo de levantarse por la mañana para ir a la escuela. Sin embargo, si no se levantan, pierden el curso. Yo estoy seguro que muchas veces sus hijas quisieran robarse algo que les gusta, pero si lo hacen, saben que pueden ir presas. Yo le felicito porque, a diferencia de muchos padres, usted está preocupada por la vida espiritual de sus hijas. Pero con preocuparse solamente, no es suficiente. Tiene que ser más proactiva.

¿Qué haría yo en su situación? Primero: oraría, y yo sé que usted lo hace. Consultaría con el sacerdote de mi parroquia a ver qué consejos me da. Tal vez en esa comunidad hay grupo de jóvenes al que ellas se puedan integrar. Tal vez él pueda tomar tiempo para sentarse a hablar con ellas y hacerles conciencia de lo maravillosamente grande que es el regalo de la Santa Misa.

Hable con su sacerdote o con un sacerdote que sea una persona espiritual y pídale al Señor que le siga dando sabiduría y paciencia para hacerle entender a sus hijas que sólo unidos a Jesús, y que mejor manera que a través de la Santa Eucaristía, vamos un día tener salvación y vida eterna. Cuente con mis oraciones. Finalmente, y esto lo tiene que hacer desde ya. Ore. Pero ore con fe de que lo que usted está pidiendo Dios se lo va a conceder. Jesús promete: "Crean que ya han recibido todo lo que estén pidiendo en oración, y lo obtendrán". (Marcos 11, 24)

¿Cómo sé si estoy en búsqueda del Reino de Dios? La Biblia dice: "busca primero el reino de Dios y lo demás te vendrá por añadidura». Quiero saber cómo puedo cumplir esta promesa, si voy por buen camino (cuáles serían las pautas).

Javier

El Señor Jesús dice: "Busquen primero el reino de Dios y su justicia, y se les darán también todas esas cosas". (Mateo 6, 33) ¿Cuáles son esas cosas que Dios nos dará si buscamos primero Su Reino? Todo lo que necesitamos para ser verdaderamente felices y mucho más. ¿Qué significa, entonces, buscar el Reino de Dios como prioridad en nuestra vida? Significa buscar la Voluntad de Dios y vivirla; es decir, ponerla en práctica. El Señor Jesús dice: "No bastará con decirme: ¡Señor! ¡Señor!, para entrar en el Reino de los Cielos; más bien, entrará el que hace la voluntad de mi Padre del Cielo" (Mateo 7, 21). Seguidamente, Jesús añade: "Y su justicia".

Busca la Voluntad de Dios y Vívela.

La frase complete lee: "Busquen primero el Reino de Dios y su justicia". Aquí la pregunta sería: ¿y qué es la justicia de Dios?

Por justicia de Dios se entiende, no sólo que Dios dará a cada cual según la manera en que hemos respondido a Su Voluntad (Mateo 25, 46), pero, también significa que Dios, en Su justicia la cual está basada en amor puro e infinito, se ajusta a nosotros, se hace uno como nosotros en todo, menos en el pecado (Hebreos 4, 15) para que nosotros, con la fuerza y el poder del Espíritu Santo, nos podamos ajustar a Él; es decir, nos podamos unir a Él. Y es a medida que nos ajustamos a Él; que nos unimos a Él, que Su Voluntad se realiza de manera más totalmente en nosotros, hasta el punto de convertimos en el reino de Ese a quien llamamos Señor y Rey: ¡Jesucristo!

Que Dios le bendiga y le provea la vocación del sacerdocio en todo su esplendor. Quisiera saber, ¿por qué en la Iglesia Católica tienen los cuerpos incorruptos de algunos santos como el de Padre Pío de Pietrelcina o del Papa Juan XXIII y otros? La Biblia no dice: "Del polvo eres y a polvo volverás".

Soy Católica, Crisbel—Honduras

¡Sí! Ese pasaje lo encontramos en el libro del Génesis; el primer libro sagrado que aparece en la Santa Biblia. Dice así: "Con el sudor de tu frente comerás tu pan hasta que vuelvas a la tierra, pues de ella fuiste sacado. Porque eres polvo y al polvo volverás". (Génesis 3, 19) Bien sabemos que Dios no quiere la muerte, sin embargo, la permite, ya que ésta es consecuencia del pecado. Tanto del pecado de nuestros primeros padres, Adán y Eva, como los pecados de la humanidad, incluso, los nuestros. Todos hemos de regresar a la tierra, pues, como bien dice San Pablo: "Todos hemos pecado y todos nos hemos apartado de la gracia de Dios". (Romanos 3, 26) Sin embargo, en la historia de la Iglesia han habido hombres y mujeres que han tenido una relación tan estrecha con Dios que, el mismo Señor, ha permitido que sus cuerpos no hayan sido corruptos. De esa manera, Dios muestra su complacencia hacia aquellos que vivieron su cristianismo de forma heroica y, a los cuales, debemos imitar.

Sigo todos sus programas. No me hace feliz una duda que me atormenta. Porque si Jesús que es Dios reclama en tres oportunidades a su Padre, "¿por qué me has abandonado?" Tengo 75 años y durante todo este tiempo he clamado a Dios por la solución de una condición personal que me aqueja. ¿El Padre Dios se hace el sordo ante algunos padecimientos que nos atormentan?

Cariñosos saludos Julio—Rancagua, Chile

Estimado Julio, permíteme compartir contigo un pasaje bíblico que sé te va a ayudar. Dice San Pablo, en un momento de gran tribulación: "Cinco veces fui condenado por los judíos a los treinta y nueve azotes. Tres veces fui apaleado. Una vez fui apedreado, tres veces naufrague y una vez pase un día y una noche perdido en alta mar. Viajes frecuentes, peligros de ríos, peligros de bandidos, peligros por parte de los paganos, peligros en la ciudad, peligros en lugares despoblados, peligros en el mar, peligros entre falsos hermanos. Trabajos y agotamiento, con noches sin dormir, con hambre y sed, con muchos días sin comer, con frio y sin abrigo"...

En mi debilidad
encuentro mi fortaleza...
(2 Corintios 11, 24-28, 12, 7-10)

Además, "me fue clavado en la carne un aguijón, verdadero delegado de Satanás, cuyas bofetadas me guardan de todo orgullo. Tres veces rogué al Señor que lo alejara de mí, pero él me dijo: Te basta mi gracia. Mi mayor fuerza se manifiesta en tu debilidad. Aceptaré, pues, con gusto lo que me toca sufrir por Cristo: enfermedades, humillaciones, necesidades, persecuciones y angustias. Porque cuando me siento débil es que reconozco cuan fuerte soy" en Cristo Jesús. (2 Corintios 11, 24-28, 12, 7-10)

Soy estudiante de odontología. Desde muy pequeño he sufrido maltratos de mi madre, siempre me pegaba, me insultaba e incluso me comparaba con otros niños. Es algo que siempre me ha molestado y que no puedo entender. Siempre me he portado bien, nunca le he traído problemas a mi mamá y fui un alumno destacado en mi colegio. Ella me maldice, dice que ojalá me atropelle un carro y que me lleve al diablo. Esto me ha traído mucho rencor. ¿Qué puedo hacer? ¿Las maldiciones se cumplen?

Joven de 18 años—Barquisimeto, Venezuela

Es muy extraño que una madre trate así a su hijo, ya que el instinto maternal la impulsa a luchar siempre por la sobrevivencia de su hijo. Me pregunto - ¿cuál será la causa de la forma tan violenta en que te trata tu mamá, por qué? ¿Será, tal vez, porque tu papá la abandonó y le dio mala vida y al no poderse desquitar con él, trata de desquitarse contigo? Será que a ella la trataron con desprecio y está profundamente herida y ese veneno lo vierte sobre ti ya que, uno da de lo que uno tiene, y como bien dice nuestro Señor

Bendice no maldice...

(Romanos 12, 14)

Jesucristo: "la boca habla de lo que está lleno el corazón". (Lucas 6, 45) Yo sé que es difícil, pero trata de comprender a tu mamá. Ella debe de estar muy herida por dentro y, aunque te cueste, déjale saber que tú la amas a ella. Tal vez al principio repudie tus muestras de cariño, pero acuérdate que "amor con amor se paga". De ahí que San Pablo nos anima a "bendecir al que nos maldice". (Romanos 12, 14)

Finalmente, no te preocupes de las maldiciones que tu mami pueda emitir en contra tuya. La Santa Biblia te recuerda que el que está dentro de ti, que es Jesucristo, es mucho más fuerte que el que está afuera, que es Satanás. (1 Juan 4, 4) Y si Dios está contigo, entonces, nada tienes que temer. Es el mismo Dios quien a través del profeta Isaías, nos dice: "No temas, pues yo estoy contigo; no mires con desconfianza, pues yo soy tu Dios; yo te he dado fuerzas, he sido tu auxilio, y con mi diestra victoriosa te he sostenido". (Isaías 41, 10)

¿Por qué nos persignamos y amamos la Cruz si en la Biblia no nos enseñan a echarnos la bendición y en varios versículos dice que Jesús maldijo la Cruz? ¿Por qué nos regimos por la religión de Roma si precisamente por ellos murió Jesucristo?

Muchas gracias, Victoria—Colombia

Primero: no sé de qué religión de Roma estás tú hablando. Yo me rijo por las enseñanzas de Jesucristo dada a la Iglesia que el mismo Jesús estableció sobre Pedro y los demás apóstoles, no en Roma, sino que, en Jerusalén, con la venida del Espíritu Santo. (Hechos 2, 1-10)

Segundo: en ningún momento Jesús maldijo la cruz. Él no sólo la asumió para pagar así por los pecados del mundo, los tuyos y los míos (Isaías 53, 4-5) si es que de verdad nos arrepentimos y venimos a Él para vivir bajo su señorío. Es decir, sometidos a su Santa Voluntad.

Tercero: fue el mismo Jesús quien dijo que Él que quisiera seguirle, que abrazara la cruz y que fuera en pos de Él. (Lucas 9, 23)

Cuarto: los que eran colgados de un árbol (Deuteronomio 21, 22-23) eran los más horribles criminales, considerados por el pueblo, como una maldición de Dios. Sin embargo, Jesús, asumiendo los pecados de todos nosotros, se hace pecado, aunque Él no peca.

De ahí que la Palabra de Dios nos dice: "Él (Jesús) compartía la naturaleza divina y no consideraba indebida la igualdad con Dios, sin embargo, se redujo a nada, tomando la condición de siervo, y se hizo semejante a los hombres. Y encontrándose en la condición humana se rebajó a sí mismo haciéndose obediente hasta la muerte y muerte de cruz". (Filipenses 2, 6-8)

Quinto: San Pablo afirma lo siguiente en referencia a la cruz: "Bien es cierto que el lenguaje de la cruz resulta una locura para los que se pierden; pero para los que se salvan, para nosotros, es poder de Dios". (1 Corintios 1, 18)

La cruz,
para los que se salvan
es poder de Dios...
(1 Corintios 1, 18)

Me parece que estás confundida, Verónica, y tu confusión se debe, estoy seguro, a que estás pasando mucho tiempo con los Testigos de Jehová, que están metiéndote cosas en la cabeza que son totalmente anti-bíblicas. Mi sugerencia: Busca una Iglesia Católica que tenga clases bíblicas que enseñe la verdadera doctrina de Jesucristo.

Próximamente se realizarán las Primeras Comuniones en nuestra comunidad. Pregunto, ¿puede una persona divorciada, casada por la Iglesia y en unión libre, ser la madrina para la Primera Comunión de mi hija? Le agradecería me aclarara esta duda ya que me trae en discusión con mi esposa.

Juan Manuel—Veracruz, México

Mi pregunta para ti, Juan Manuel, sería: ¿cuál es el rol o el papel que la madrina va a desempeñar en la Primera Comunión de tu hija? Si va a ser madrina de tu hija para enseñarle el camino de Dios, me parece que deberían de escoger a alguien que esté viviendo su fe plenamente; siendo fiel, en todo el sentido de la palabra a lo que Dios nos pide a través de la Iglesia que el mismo establece, que es la Iglesia Católica. Y una de las cosas que Dios pide en Su Palabra; es decir, la Santa Biblia, es que no se fornique, ya que la fornicación es una falta grave; es decir, un pecado mortal. (Gálatas 5, 19) Ahora bien, si ser madrina es para que la niña tenga regalos de vez en cuando, o para que ustedes le puedan llamar comadre, ya eso es cosa de ustedes. Pero estoy seguro que, esa segunda opción no es lo que Dios quiere para la hija de ustedes.

En algunas de mis confesiones cuando el sacerdote me preguntó si me arrepentía de mis pecados yo decía que sí porque no los quería volver a cometer. Sin embargo, no tenía dolor por ellos, aunque antes de la confesión sentía angustia y dolor. En otra ocasión el sacerdote, luego de escuchar mi confesión dijo que no confesara mis pecados por mandamientos, sino que fuera más específica. Yo me disguste un poco al escuchar eso, pero para hacerle caso los confesé con más claridad y luego me preguntó: ¿cómo te sientes? Respondí que "mejor", pero para callarle la boca. ¿Están mal estas confesiones?

Omaira—Venezuela

No están mal. Pero acuérdate que el Sacramento de la Confesión no es para que el sacerdote te juzgue, sino que para que el Señor Jesús, en su infinita misericordia, te absuelva. El sacerdote sólo es un instrumento de la misericordia de Dios y lo que él va a tratar de hacer es que tú te puedas enfrentar con tus pecados, pero no para que te sientas en el suelo, sino que para que, entregándoselos al Señor, a través de la persona del sacerdote, tú te sientas liberada de todas esas cadenas con que Satanás te ha atado por todo ese tiempo que has estado apartada de la Gracia de Dios.

Importante que sepas dos cosas. Primero: el tener dolor por los pecados cometidos no significa, necesariamente, sentir dolor por haber hecho algo que, al fin y al cabo, nos gustó hacer. El dolor que Dios quiere que tengamos es por haberlo ofendido a Él que merece todo nuestro amor. Dolor también, por haber cometido un pecado que, aunque nos haya gustado hacerlo, bien sabemos que nos ha hecho un terrible daño, tanto porque nos ha apartado

Aborrezcan el mal
y procuren
todo lo bueno...
(Romanos 12, 9)

de Dios, como el hecho de que hemos lastimado a personas que Dios ha puesto en nuestro camino, no para que las hundamos más de lo que están, sino que para que los llevemos a los pies de Cristo Jesús. Recuerda lo que dice San Pablo: “Aborrezcan el mal y procuren todo lo bueno”. (Romanos 12, 9)

Segundo: La razón por la cual debes enumerar tus pecados es para que veas, con más claridad, donde estás en tu relación con Dios y, además, para que el sacerdote tenga una más clara idea de la penitencia que te debe de dar para ayudarte a sobrepasar cada una de tus faltas.

Soy un niño de Colombia y estoy muy confundido y preocupado por lo que ocurrió con un canal secular . Tengo muchas preguntas de acuerdo a esto, y quisiera saber su opinión sobre estos sucesos. ¿Puede el Papa ser un hereje? ¿Si llega a darse un cisma, cómo voy a saber cuál es la verdadera Iglesia de Cristo?

Gracias, Emanuel—Colombia

No, Emanuel, el Papa no puede ser un hereje. Es decir, el Papa no puede pronunciarse en contra de la Doctrina que la Iglesia Católica ha enseñado por ya más de 2,000 años. Fíjate que en la historia de la Iglesia ha habido pocos, pero algunos Papas que han sido, llamémoslo así: "malos," otros han sido buenos y otros han sido santos. Pero, ni el peor de todos jamás fue un hereje. ¿Por qué? Porque, si bien es cierto que Jesucristo escoge a Pedro y a sus sucesores, con el poder del Espíritu Santo, sabiendo Jesús que Pedro y sus sucesores serían hombres frágiles y, si, pecadores, ya que todos los seres humanos, desafortunadamente, pecamos, como bien nos dice San Pablo en (Romanos 3, 23). Es Jesús quien va a hablar y enseñar a través de todos y cada uno de ellos, particularmente en cuestiones de fe y de moral. Esto quiere decir, que el Papa, quien quiera que sea, Dios no le va a permitir que enseñe algo que va en contraposición de lo que la Iglesia del Señor Jesús ha enseñado a lo largo de la historia. Si eso sucediera, el mismo Jesús hubiera mentido cuando dijo que enviaría el Espíritu Santo, y muy particularmente sobre Pedro a quien le encomienda apacentar las ovejas de Dios, que somos todos nosotros. (Juan 21, 15-17) Finalmente, creemos en la promesa de nuestro Señor Jesucristo quien prometió que el Espíritu Santo guiaría a Su Iglesia en todos los caminos de la verdad. (Juan 16, 13)

¡Hola Padre, Dios le bendiga! Le saludo de Santo Domingo, República Dominicana. Quisiera saber si es pecado comulgar cuando una persona soltera permite que su expareja le bese intensamente.

Vanessa

Sin lugar a dudas, cuando permites que alguien te bese, (acuérdate que en los labios hay muchas terminales nerviosas que te pueden llevar a desear más placer sexual de lo que estás experimentando)—especialmente, como dices tú, tan intensamente, estás, no sólo teniendo pensamientos sexuales que son considerados pecaminosos, pero estás proporcionando el camino para que, en algún momento, tú y esa persona lleguen a culminar en fornicación lo que han comenzado. La fornicación es todo acto sexual fuera del matrimonio consagrado. El Señor Jesús, hablando sobre el adulterio, que es una forma de fornicación, dice: "ustedes han oído que se dijo: no cometerás adulterio, pero yo les digo: quien mira a una mujer con malos deseos, ya cometió adulterio con ella en su corazón". (Mateo 5, 27-28) ¿Por qué Jesús es tan drástico? Porque bien sabe el Señor, como dice ese refrán antiguo que: "del dicho al hecho, solo hay un trecho".

Tengo una duda sobre la sucesión apostólica de las Iglesias Católicas Independientes. ¿Por qué se dice de estas Iglesias Católicas Independientes de Roma no tener la sucesión apostólica? Ahora bien, si muchos de los sacerdotes y obispos pertenecientes a estas Iglesias Católicas independientes, fueron sacerdotes y obispos de la Iglesia Católica Romana, ¿por qué la Iglesia Católica Romana niega la sucesión apostólica siendo el orden sagrado del presbiterado indeleble?

Muchas gracias, Javier Carrillo—Bogotá, Colombia

Porque al apartarse de la Iglesia que Jesús establece sobre Pedro y los demás apóstoles (Mateo 16, 18), ya no están en comunión con el Vicario de Jesucristo, que es el Papa. Por lo tanto, las ordenaciones que estos obispos efectúan son consideradas ilícitas al haber, ellos mismos, roto comunión con la única Iglesia fundada por Jesús, que es la Iglesia Católica. Para que haya validez en las ordenaciones, tanto episcopales como sacerdotales, tiene que haber sucesión apostólica. Es decir, conexión histórica con el primer Vicario de Jesucristo, que fue San Pedro. Esa conexión o sucesión ha sido rota. Por lo tanto, repitiendo lo que ya he dicho, esas ordenaciones son inválidas.

Tengo 76 años. Hace como tres semanas, los domingos estoy participando de la Eucaristía por internet: una por el exceso de frío y otra porque en las tres capillas que asisto, a los padrecitos no se les entiende nada, (no pronuncian bien y sus homilías son un desastre, perdóneme por este comentario). Antes iba, pero dista mucho de mi casa, claro que esto no es pretexto, pero quiero saber si está bien que lo haga.

Hna. Wilma Noratto OCDS

Ante todo, que pena que usted no entienda nada de lo que dicen los padrecitos. Si yo fuera usted haría tres cosas. Primero: Hablar con ellos o por lo menos, comenzar con uno de ellos. Hablarles con amor y decirle que pongan más vida en sus sermones y en la celebración de la Santa Misa, en general. Estoy seguro que más de uno le pondrá atención. Acuérdese de la importancia de la corrección fraterna, según nos indica el Señor Jesús. (Mateo 18, 15)

Segundo: Acuérdate que en la Santa Misa no sólo escuchamos la Palabra de Dios, la cual tiene poder para acrecentar en nosotros la fe (Romanos 10, 17), pero también recibimos a Jesús, Pan de Vida en la Eucaristía. (Juan 6, 53, 55-56)

Tercero: Que bueno que podamos sacrificarnos un poquito por Jesús que, sin rechazar los más terribles sufrimientos, dio Su vida por amor a ti y a todos nosotros.

¿Por qué el Diablo se volvió malo?
Jocelyn, 11 años—Bronx, New York

Porque se dejó llevar por el deseo de ser más importante que el mismo Dios. Así le pasa a mucha gente hoy día. Quieren hacer lo que ellos quieren y no lo que Dios quiere. Por lo tanto, desobedecen a Dios y se apartan de Él. Eso fue lo que pasó con el Diablo. Desobedeció a Dios y como consecuencia, lo rechazó, apartándose de Él. Al apartarse de Dios, perdió el Cielo y lo perdió para siempre. El Diablo, a quien conocemos también con el nombre de Satanás, se dejó llevar por su soberbia y pensó que no necesitaba de Dios para ser feliz.

Por lo tanto, saco a Dios de su vida y trato de ponerse a él mismo como su único dios. ¿Qué sucedió? Perdió la posibilidad de ser feliz y la perdió para siempre. Yo te animo a que siempre le des el lugar más importante de tu corazón a nuestro Señor Jesucristo. Amalo por encima de todo y cada vez que tengas oportunidad, háblales a tus amigos de Él. También a tus padres, a tus hermanos y vecinos. ¿Sabes?

Es teniendo presente a Dios, no sólo en nuestro corazón, en nuestra mente, pero también en nuestras palabras, que realmente vamos a tener una hermosa amistad con Él. Es entonces cuando vamos a ser verdaderamente felices.

¿Por qué en la Cena del Señor dicen estas palabras: "que, se conviertan en el cuerpo y la sangre de Jesucristo," si Jesús ya realizó el milagro de Su presencia en el pan y vino que Él mismo consagró en la Última Cena? ¿Para qué entonces pedir que se haga realidad cuando ya es un hecho?

Anónimo

Si bien es cierto que la dádiva de Jesús en la cruz es una y eterna, porque Dios es eterno (Éxodo 3, 14) / (Hebreos 7, 27), al igual que la Última Cena es una y eterna, ya que la cena y la cruz se convierten en medios de la misma dádiva del Único Señor, también es muy cierto que el pan y el vino, antes de ser consagrados, es sólo pan y vino y nada más. Es en el momento de la consagración, usando las mismas palabras, que Jesús utilizó en la Última Cena, cuando dijo: "Esto es mi Cuerpo" y más tarde: "Esta es mi Sangre" (Mateo 26, 26-28), que el pan deja de ser pan y el vino deja de ser vino y ocurre lo que en teología se llama la "Transubstanciación"; es decir, el pan ya no es pan, sino que es el mismo Cuerpo de Jesús y el vino ya no es vino, sino que la misma sangre de Jesús.

Esto es mi Cuerpo...

(Mateo 26, 26-28)

Cuerpo y Sangre que ofrece el día siguiente, el Viernes Santo, al dar Su vida en una cruz en el Calvario para que todo el que crea en Él no se pierda, sino para que de Él tengamos Vida y Salvación eterna. (Juan 3, 16)

Tengo una hija de 8 meses a la cual no he bautizado por falta de medios económicos ya que me quedé sin empleo. Ya deseo bautizarla, pero el papá de mi hija es casado y no sé si él deba o pueda presentar a mi hija en la Santa Iglesia o definitivamente sólo yo con sus padrinos que si están casados por la Iglesia.

Guadalupe

Guadalupe, los sacramentos no se compran, ya que son medios para recibir a Cristo y unirnos más plenamente a Él. (Romanos 6, 5) - No tienes que pagar nada por el bautismo. Por otra parte, se pide, de acuerdo a las posibilidades de los padres y padrinos, que, en alguna forma cooperen para el mantenimiento del templo. Si tú no puedes dar nada, pues tienes tanto derecho de que tu hija sea bautizada, como la de aquella persona que si puede dar. En lo que se refiere al papá de tu niña, si lo quieres invitar o no, eso ya es cosa tuya, ya que tú dices que él está casado con otra.

Le felicito mucho por su programa, todas sus reflexiones y consejos me llegan siempre. En este momento me siento como sin ganas de seguir en el camino del Señor, a pesar de que pertenezco a un grupo católico. Tengo un desánimo, siento que me falta fe. ¿Qué debo hacer porque no me siento bien con este desánimo?

Edison—Ecuador

Primero: Acuérdate que la fe no es cuestión de sentimientos. La fe es una opción de vida; es una decisión. La Santa Biblia dice al respecto: "La fe es aferrarse a lo que se espera, es la certeza de cosas que no se pueden ver". (Hebreos 11, 1) Segundo: Tu situación de desgano espiritual puede ser el resultado de una de dos cosas:

Uno: que no has tomado suficiente tiempo para orar; para recibir regularmente los sacramentos, que no has tomado suficiente tiempo para leer la Santa Biblia y para hacer obras de misericordia. Estas cosas nos ayudan muchísimo para así poder tener una fuerte y duradera relación con el Señor.

Dos: Lo otro que puede estar pasando en tu vida espiritual en estos momentos es que estás experimentando lo que algunos

La fe es la certeza de lo que no vemos...

(Hebreos 11, 1)

santos de la Iglesia llaman: "La Noche oscura del Alma". Esto ellos lo describen como un tiempo de sequedad espiritual, de vacío y de desgano, como tú lo has descrito. Dios muchas veces permite esto en nuestras vidas ya que no quiere que nuestra relación con Él sea estática, sino, más bien viva y activa. Una persona que está en buena relación con Dios y, de pronto, siente ese vacío y esa sequedad, debe de tomar la decisión de luchar, con la gracia que Dios nos da, para aumentar su relación con el Señor, en todo el sentido de la palabra.

Padre Pedro, ¿me podría ayudar respondiendo una pregunta en las últimas reflexiones que he escuchado en sus vídeos hablaba sobre la cruz que debemos de cargar cada uno de nosotros y seguir a Jesús? ¿Si alguien se ha hecho un aborto y se ha confesado y el sacerdote la absuelve de su pecado, pero le dice que tiene que llevar esa cruz toda su vida... a qué se refiere? ¿Me podría explicar cuál es la cruz que le toca llevar? Espero su respuesta Padre, muchas gracias de antemano.

Anónima

La cruz puede significar muchas cosas para muchas personas. Para algunas, la cruz es símbolo de sufrimiento. Para los romanos era símbolo de muerte. Sin embargo, para San Pablo era símbolo del poder de Dios. La cruz, a la que se refiere el sacerdote en este caso, es el saber que ella ha dado muerte al hijo que tenía en su vientre. Como la cruz puede ser símbolo de sufrimiento, podemos decir que todos, sin excepción cargamos nuestras propias cruces. Sin embargo, cuando Jesús habla de cargar la cruz para seguirle, se está refiriendo al estar dispuestos a dejarlo todo por él. Lo que implica el dejar nosotros de estar en control de nuestra vida, haciendo lo que nosotros queremos o nos gusta hacer, para abrazar la Voluntad de Dios y estar dispuestos, en todo momento a no hacer ya lo que nosotros queremos, sino, más bien, dispuestos a hacer todo lo que Él nos pide. Es el mismo Jesús, quien nos dice: "Si alguno quiere seguirme, que se niegue a sí mismo, que cargue con su cruz de cada día y que me siga". (Lucas 9, 23)

Uno de los proyectos de mi municipio es la construcción de un nuevo Cementerio Municipal donde ofrecerían el servicio de Cremación. ¿Cuál es la postura de la Iglesia al respecto? Bendiciones y saludos desde la Tierra del San Monseñor Romero.

William Medrano—El Salvador

La cremación es, en la actualidad, permitida por la Iglesia. Hubo un tiempo, particularmente durante la ocupación Nazi en Europa en que la Iglesia no la permitía, ya que era una forma de expresar su desaprobación a las barbaries cometidas contra los judíos, los cuales eran incinerados en los campos de concentración. Hoy día, aunque es permitido cremar el cuerpo de un difunto, la Iglesia hace gran énfasis en la importancia de dar a esas cenizas, Cristiana sepultura; es decir, llevar los restos del cuerpo de la persona, el cual fue cofre de su alma inmortal, y llevarlo al cementerio para ser depositado en un lugar adecuado. Reconociendo así que polvo somos y al polvo hemos de regresar. (Génesis 3, 19)

Soy de Argentina, 31 años, soltera, pero con novio desde hace 2 años. Mi pregunta es: ¿Estoy en pecado mortal por no tomar una pastilla que mis padres dicen que me hace bien, pero para mí no? Estoy yendo a la psicóloga y me dijo que la deje de a pocos. Padre, me siento muy torturada con las pastillas y mis papis. Me cuidan demasiado.

Alejandra

No sé qué clase de pastillas tus padres quieren que tú tomes. Se qué, en tu interior sabes que no importa la edad que tú tengas, es mandato de Dios que honres a tu padre y a tu madre. (Éxodo 20, 12) Por otra parte, tú tienes 31 años de edad, lo que te hace, ante los ojos de Dios, una adulta responsable de tus propias decisiones. Mi sugerencia es que busques una segunda opinión, es decir, a otro médico que consideres confiable y le preguntes acerca del medicamento que estás tomando. De acuerdo a lo que te aconseje, toma la decisión que creas conveniente y hazlo saber a tus padres.

Desde mi pre-adolescencia, cuando mis hormonas empezaron a despertarse, me incliné a la masturbación para satisfacer mi impulso sexual y desde ahí no he dejado de hacerlo. Prácticamente, esto se convirtió en una adicción. Sé que la masturbación es un pecado grave por muchos factores, por eso voy a intentar una vez más de abstenerme de esta adicción. ¿Si logro superar esta adicción mía de una vez por todas, me perdonará el Señor después de haber mancillado mi carne por tanto tiempo, o sea por 3 décadas prácticamente? ¡Que Dios y la Virgen lo bendigan siempre, Padre Pedro!

Saludos desde Argentina, Anónimo

Sí, ¡el Señor te perdona! Haz una buena confesión y pídele al sacerdote que te ayude, haciendo por ti una oración de liberación junto con la absolución sacramental. Pídele también que te de consejos prácticos de lo que puedes hacer para cortar de raíz con esa adicción que te ha encadenado y lastimado por tanto tiempo. Comienza a recibir a Jesucristo en la Santa Eucaristía y trata de involucrarte en hacer obras de caridad. De esa manera, dejaras de pensar tanto en ti y tu tiempo será invertido ayudando a otros que necesitan de una mano amiga. Acuérdate que muchos de los santos más grandes de la Iglesia fueron también, antes de su conversión a Jesucristo, los más grandes pecadores.

¿Por qué en el Libro de Génesis (27, 1-5 y 15-29), Jacob engaña a Isaac haciéndose pasar por Esaú, recibiendo la bendición de su padre y desheredando a Esaú? Y ¿por qué Dios permitió que, a pesar de esta mentira, fuera válida la bendición de Isaac en favor de Jacob?

Elbio—Ciudad de Paraná,
Provincia de Entre Ríos, República Argentina

¿Por qué Jacob engaña a su padre Isaac? Porque Jacob era ambicioso. El primogénito en la familia hebrea o judía era el más importante de todos los hijos porque su venida a este mundo era considerada como la más grande bendición. Su presencia implicaba que la descendencia del nombre del papá continuaría. El primogénito recibía en herencia, dos terceras partes de todo lo que el padre tenía. Es decir, le tocaba una doble bendición y no solo en términos materiales, pero también, desde el punto de vista espiritual. Ya que se convertía en jefe material y espiritual de toda la tribu. Es importante aquí decir que, si bien es cierto que Jacob miente a su padre Isaac, haciéndose pasar por su hermano Esaú, también es muy cierto que esa bendición ya, de antemano le pertenecía a Jacob, ya que Esaú se la había vendido, imagínate tú, ¡por un plato de lentejas! (Génesis 25, 29-34) Dicen que Dios es el Dios de las oportunidades. Que todo pecador tiene un futuro y que todo santo tiene un pasado. Así sucede con Jacob, el ambicioso, quien después de tener un encuentro con el Señor, se convierte en un gran hombre de Dios y en un hombre que es ejemplo para su familia, convirtiéndose así en uno de los grandes patriarcas del Antiguo Testamento. (Génesis 28, 12-14, 16-17, 19)

Mi esposo era adicto a la pornografía y yo siempre trataba de ayudarlo. Fuimos con varios psicólogos y sacerdotes, pero comenzó a consumir drogas y alcohol y lo dejé. Después le di una última oportunidad pero fue peor y lo volví a dejar y nos divorciamos. Casi al año de separados él murió en un centro de rehabilitación. Me siento culpable por haberlo dejado y por no haber hecho más para ayudarlo y a la vez siento mucho coraje por todo lo que vivimos. También siento mucho coraje por su familia pues me echan la culpa por lo sucedido. ¡Ayúdeme por favor!

Anónima

Dicen que uno puede llevar a una mula al río, pero no puede hacer que tome agua. Es decir: tenemos la obligación de ayudar, particularmente, a los que nos rodean a que alcancen el mayor bienestar posible en todo el sentido de la palabra. Usted dice que, en muchas ocasiones trató de ayudar a su esposo yendo a varios sicólogos y sacerdotes y que, aún después de divorciados, usted le dio otra oportunidad y siguió aún peor. Yo la felicito porque usted de verdad que sí trato.

El sabio toma en cuenta las advertencias...

(Proverbios 15, 5)

Desafortunadamente, su esposo no quiso aceptar la ayuda que una y otra vez usted trataba de brindarle. Quede en paz. Usted no tiene la culpa. Usted hizo mucho por ayudar a su esposo. Desafortunadamente, él despreció esa ayuda. Dice la Santa Biblia: "el insensato menosprecia las correcciones, el sabio toma en cuenta las advertencias". (Proverbios 15, 5)

¿En qué parte de la Biblia explica que en la resurrección se nos dará un cuerpo incorruptible?

Luis

Este pasaje, como dijimos anteriormente en este libro, aparece en 1 Corintios 15, 42-44. Aquí habla de lo que ocurre con la resurrección de los muertos. Dice así: "se siembra un cuerpo en descomposición y resucita incorruptible. Se siembra como cosa despreciable y resucita para la gloria. Se siembra un cuerpo impotente y resucita lleno de vigor. Se siembra un cuerpo animal y despierta un cuerpo espiritual. Pues si los cuerpos con vida animal son una realidad, también lo son los cuerpos espirituales".

Soy de Córdoba, Argentina y quisiera saber qué significa para el catolicismo el pasaje que dice- "teman a aquel que puede entregar su alma a la Gehena". Me parece que esta enseñanza de Jesús (a quien amo), se contradice con lo que se repite en el Evangelio, el "no teman".

María Ruth

Te felicito por preguntar, ya que muchas veces sólo leemos el texto fuera del contexto en que fue dado el mensaje. Por lo tanto, no sólo basta con leer un versículo de la Santa Biblia para entender el mensaje. Muchas veces, tenemos que leer varios versículos, a la misma vez, para entender que es lo que realmente el Señor nos quiere decir. Leamos el pasaje completo. En este pasaje, Jesús les está hablando a sus discípulos acerca de una realidad que van a enfrentar a medida que optan por seguir al Señor: ¡¡¡Van a ser perseguidos!!! Es entonces que Jesús les dice: "no tengan miedo"... "no teman a los que sólo pueden matar el cuerpo, pero no el alma". (Mateo 10, 26, 28) Entonces, sigue el Señor Jesús diciendo: "Teman, más bien, al que puede destruir alma y cuerpo en el infierno". (Mateo 10, 28) - ¿Y quién es ese? Satanás.

Teman al que puede
destruir el alma...
(Mateo 10, 28)

¿Cuál es la diferencia entre glosolalia y xenoglosia?
Ronald—Cartagena, Colombia

En el uso actual, ambos términos se diferencian en que mientras que la glosolalia es el balbuceo de un lenguaje no existente, la xenoglosia es la habilidad para hablar fluidamente una lengua que el hablante nunca ha aprendido. Estas dos formas de expresión es lo que se conoce como "el Don de Lenguas (en la espiritualidad Cristiana). Sobre esto, San Pablo explica lo siguiente: "El Espíritu nos ayuda con gemidos que no pueden expresarse con palabras. Y Dios, que conoce profundamente los corazones, sabe lo que el espíritu quiere decir, porque el espíritu ruega, conforma la voluntad de Dios por los que le pertenecen". (Romanos 8, 26-27)

La Glosolalia es usualmente medio de comunicación con Dios: "Cuando oro en lenguas, mi espíritu reza, pero mi entendimiento queda inactivo". (1 Corintios 14, 14) Por otra parte, San Pablo habla también de la xenoglosia; es decir de hablar en otro idioma que uno nunca ha estudiado o aprendido: "Es mucho mejor tener profetas que quien hable en lenguas, a no ser que haya quien las interprete y así toda la Iglesia saque provecho". (1 Corintios 14, 5)

Cuando oro en lenguas,
mi espíritu reza...
(1 Corintios 14, 14)

Si estoy tatuado (antes tenía una mala vida) y hoy estoy arrepentido de todo lo malo que hice y quiero acercarme a Dios, ¿cree que tenga esperanzas de que me ayude, me dé una oportunidad, aun cuando mi cuerpo está tatuado? Le agradecería mucho que me dé una respuesta y me aconseje.

Gerardo—Guadalajara, México

¡¡¡Felicidades!!! No importa cuantos tatuajes tengas, o cuanta mala vida hayas tenido en tu pasado, si vienes a Dios con un corazón arrepentido, Dios te perdonará. Dios es tu Padre y Él siempre está dispuesto a darte una nueva oportunidad. Y esa oportunidad es en este preciso momento. ¿Qué hacer para comenzar de nuevo? Dice el Apóstol San Juan lo siguiente: "si confesamos nuestros pecados, Él que es fiel y justo nos perdonará y nos limpiará de toda maldad". (1 Juan 1, 9)

Si no te has confesado, te invito a que lo hagas. Busca a un sacerdote que te inspire confianza y pídele que te confiese. El Señor Jesús dio autoridad a Pedro y a los demás discípulos y a todos sus sucesores que somos los sacerdotes, diciendo: "lo que ates en la Tierra quedará atado en el Cielo y lo que desates en la Tierra quedará desatado en el Cielo". (Mateo 16, 18 / Juan 20, 22-23)

Él que es fiel y justo
nos perdonará...
(1 Juan 1, 9)

Perdí un hijo en este año. Murió de 43 años, le lloro mucho y es la única manera en que yo descanso. Me dicen que a Dios no le gusta que le lloren porque uno no los deja descansar. ¿Es cierto de eso? Yo no le reclamo nada a Dios porque yo sé que todos vamos a morir y va a ser cuando Él lo tenga destinado, pero si Dios no quiere que le llore, ¿cómo le hago? Es muy duro perder un hijo.

Olga—Texas

No hay nada más doloroso para una madre que ver a su hijo muerto. La muerte de un hijo siempre causa mucho dolor porque uno se siente vacío y siente, al mismo tiempo que tal vez uno no hizo todo lo necesario para ayudarle. Yo le suplico, por favor, que no acepte en su corazón los sentimientos que le hagan sentir culpable por la muerte de su hijo. Yo estoy seguro que usted hizo todo lo posible por ayudarle, y eso es lo que importa.

Quiero decirle, también que en ninguna parte de la Santa Biblia ni en ninguna doctrina de la Iglesia dice que el llorar a una persona que ha muerto hace que la persona no descanse. Eso, con el perdón de quien se lo dijo, es sólo un invento para que usted deje de llorar. Lo que sí le digo es que usted debe de hacerle más caso a nuestro Señor Jesucristo quien nos dice: "Yo soy la resurrección y la Vida. El que cree en mí, aunque muera, vivirá". (Juan 11, 25) Es decir, la muerte no es el fin, sino que es el comienzo de la vida gloriosa que el mismo Jesucristo nos ha prometido.

Por lo tanto, alégrese, Olga, porque su hijo está muy cerca de Dios y si tiene que pasar por el Purgatorio (1 Corintios 3, 13-15), rogamos al Señor que no sea un proceso muy largo y que muy

Yo soy
la Resurreccion y la Vida...
(Juan 11, 25)

pronto pueda recibir la corona de la vida eterna, que es el Cielo. Y usted, prepárese para que un día, más pronto de lo que usted imagina, pueda entrar en el Cielo y con su hijo y con todos sus seres queridos, ¡puedan alabar y bendecir el Santo Nombre de Dios para siempre!

Padre Pedro, he escuchado a personas que dicen que han visto algún familiar que ya ha muerto hace muchos años. Algunos dicen que lo ven en espíritu y algunos dicen que lo ven en carne. ¿Esta aparición puede ocurrir?

Julio—Puerto Rico

En este vasto universo creado por Dios todo tiene una razón de ser. Las personas, cuando mueren o van para el Cielo, pasando muchos por el Purgatorio, o van para el Infierno. No se quedan vagando aquí en la Tierra, ya que su misión aquí en este mundo ha terminado y después de esta vida, viene el Juicio. (Mateo 25, 46) Sobre El Purgatorio, San Pablo habla, particularmente en (1 Corintios 3, 13-15). La Santa Biblia no dice nada en concreto sobre los fantasmas. Más bien, los utiliza para hablar sobre cosas engañosas. Uno de varios pasajes en que la Escritura menciona este tema, está tomado del libro de Sirácida. Dice lo siguiente: "Predicciones, visiones y sueños son tan vacíos como los fantasmas de una mujer en cinta". Es decir, son espejismos que la persona piensa que está viendo, pero que no son reales. Termina la Palabra de Dios diciendo: "A menos que (esos sueños) te sean enviados como una visita del Altísimo, no les prestes atención". (Sirácida 34, 5-6)

Sólo cuando
esos sueños son enviados
como una visita del Altísimo...
(Sirácida 34, 5-6)

Una tía dice que si un domingo no vas a misa que no puedes comulgar hasta que te confieses. Otra pregunta: explíqueme por favor la comunión sacramental y la comunión espiritual. ¡Muchas gracias y que Dios lo bendiga!

Lilia—San Diego, California

El faltar a la Santa Misa un domingo o un día de "guardar", o día de obligación, además del domingo, es una falta grave; es decir, es un pecado mortal. ¿Por qué? Porque estamos desobedeciendo el Mandamiento que dice: que debemos de santificar el Sábado. (Éxodo 20, 8)

> Acuérdate del día del Sábado, para santificarlo...
> *(Éxodo 20, 8)*

Acuérdate que la palabra "sábado" significa día de descanso. Es decir, Dios quiere que un día de la semana se lo dediquemos a Él; es decir, lo hagamos santo. Para nosotros el día de descanso, el día de guardar, es el día domingo ya que es el día en que celebramos el día en que Jesús resucitó y así para nosotros, ganó la victoria sobre la muerte, Satanás y el mundo.

Finalmente, la comunión sacramental consiste en recibir al mismo Jesús que se nos da en la Santa Comunión. La Comunión Espiritual es invitar a Jesús a nuestro corazón y nos llene de Él. La gran diferencia es que el primero estamos recibiendo la misma Vida de Dios. En el segundo, estamos orando para que la vida de Dios more en nosotros.

Soy católico y miembro de un grupo de mi capilla, pero soy adicto al sexo y no puedo controlar mi adicción. Eso me hace sentir muy mal. Soy casado. Desde chico he tenido ese problema. Deme un consejo pues tengo miedo de perder a mi familia.

Anónimo

Cualquier tipo de desviación psicológica requiere, tanto, ayuda espiritual como ayuda sicológica. Yo no sé cuáles son tus experiencias del pasado, pero, sin lugar a dudas, estuviste expuesto a la promiscuidad sexual desde muy temprana edad. Yo te aconsejo, primero que todo, que hagas una buena confesión, sacando fuera toda esa basura de tipo sexual con la que Satanás te ha hecho preso de él por tanto tiempo.

Pídele al sacerdote que haga una oración fuerte de liberación por ti y comienza a recibir la Santa Eucaristía lo más frecuentemente posible, durante la semana, además del día Domingo. Busca a un buen psicólogo Cristiano para que te ayude a buscar la razón por la cual sientes esa adicción al sexo. Finalmente, al igual que los alcohólicos o los drogadictos, opta por rechazar todo tipo de pensamiento u oportunidad visual que te excite sexualmente. El Señor Jesús nos dice al respecto: "Si tu ojo derecho te está haciendo caer, sácatelo y tíralo lejos; porque más te conviene perder una parte de tu cuerpo y no que todo tu cuerpo sea arrojado al infierno. Y si tu mano derecha te lleva al pecado, córtatela y aléjala de ti; porque es mejor que pierdas una parte de tu cuerpo y no que todo tu cuerpo sea arrojado al infierno". (Mateo 5, 29-30) El Señor no quiere que andes manco o tuerto o completamente mutilado.

Pero si nos hace ver la urgencia de tomar todas las precauciones necesarias para desatarnos, con la gracia que Él nos da, para desatarnos en Su Nombre y reclamar la victoria que Él mismo nos ha alcanzado a través de Su Pasión, Muerte y Resurrección. Te invito, por lo tanto, a que tomes la decisión, hoy mismo, de hacerte el firme propósito de vivir, ya no atado a las muchas cadenas con que el Maligno te ha atado, por tanto tiempo.

Toma un día a la vez, como hacen los que están en Alcohólicos Anónimos. Cada mañana, antes de levantarte de tu cama, haz la firme resolución de que ese día, para gloria y honra de Dios, vas a estar limpio y libre de toda atadura. Entrégale ese nuevo día al Señor Jesús y pídele la fuerza del Espíritu Santo para poder vivir ese día en sometimiento a la Voluntad de Dios. Durante el día invoca, cuantas veces sea necesario el nombre de Jesús, especialmente cuando te sientas tentado.

Finalmente, al acostarte, da gracias a Dios por un día sin sucumbir a las ataduras que has dejado atrás. Si así lo haces y si crees que con Jesús todo es posible (Filipenses 4, 13), yo te aseguro que, si de verdad, pones estos consejos en práctica, pronto verás el Poder de Dios sanándote, liberándote y llenando tu corazón y tu mente de la paz que sólo en Jesús se puede encontrar.

Quisiera que me explique lo que es el diezmo y lo que es la ofrenda y su diferencia. ¡Gracias Padre!
Joanne—Florence, Kentucky

Aunque nuestro Señor Jesucristo nunca enseñó sobre la importancia del diezmo, mostró a una pobre viuda que sólo tenía dos moneditas para subsistir. Dice la Escritura que ambas las deposita en la alcancía del Templo. (Marcos 12, 41-44). Nuestro Señor Jesucristo toma este ejemplo de gran generosidad para enseñarle a Sus discípulos, y a todos nosotros, que esta mujer dio más de lo que había dado el resto. ¿Por qué? Los demás habían dado de lo que no era imprescindible para su sobrevivencia. Ella, por el contrario, ¡lo había dado todo! En el Antiguo Testamento se habla en varios pasajes sobre el diezmo como medio apoyo a la obra de Dios y como expresión de fe, reconociendo que, al fin y al cabo, todas las bendiciones que tenemos provienen de las Manos Proveedoras de Dios.

En el libro del Profeta Malaquías, por ejemplo, la Palabra de Dios nos dice: "Entreguen, pues, la décima parte de todo lo que tienen al tesoro del templo, para que haya alimentos en mi casa. Traten después de probarme, dice Yavé de los Ejércitos, para ver si les abro las compuertas del cielo o si derramo para ustedes la lluvia bendita hasta la última gota". (Malaquías 3, 10) Los puntos de referencias bíblicos son, entonces: El diezmo, por una parte, y el darlo todo, por la otra.

Si bien es cierto que el diezmo es la décima parte de, al menos nuestra economía semanal o mensual al templo, lo que demos por encima de eso es lo que llamamos: Ofrenda. ¿Cuánto das a tu parroquia? ¿Das el diezmo o no? ¿Cuánto ofrendas a obras de

Entreguen
la décima parte
de todo lo que tienen...
(Malaquías 3, 10)

caridad, a los necesitados, al que te pide y sabes que necesita? El Señor Jesús nos invita a través de este evangelio a ser generosos, como Él mismo ha sido y sigue siendo generoso con cada uno de nosotros.

¿Los sacerdotes que son exorcistas tienen una escuela donde aprenden todo eso o lo aprenden durante su estudio para ser sacerdotes? ¡Gracias por su respuesta!

Carlos – Guatemala

Hay cursos y, hasta escuelas, en diferentes partes del mundo que preparan a sacerdotes para ser exorcistas. En el Vaticano, por ejemplo, se han dado cursos para seminaristas y sacerdotes que incluye el desarrollo antropológico del satanismo y la posesión diabólica, además de su contexto histórico y bíblico. Junto a estas explicaciones, se dan clases prácticas de psicología y de derecho para que los estudiantes puedan diferenciar entre enfermedad mental y posesión de un espíritu maligno. Además, se celebran seminarios sobre el trabajo espiritual, litúrgico y pastoral que realiza el exorcista.

En Italia, al igual que en muchas partes del mundo, existe preocupación por la influencia de los cultos satánicos, especialmente entre los jóvenes y los que se dejan impresionar con facilidad por amistades que los presionan a meterse en rituales satánicos. El resultado es funesto, ya que, no sólo corren el peligro de perder su alma, sino que se convierten en instrumentos del Maligno, aunque crean que están haciendo lo que es mejor para ellos.

Al concluir, quiero recordarte que, trata nunca de dialogar con el Maligno y que, mientras más lejos estemos de Satanás y de la tentación, con seguridad, mejor te va a ir. La Santa Biblia nos advierte dándonos a conocer la experiencia de nuestros primeros padres, Adán y Eva, los cuales dialogaron con Satanás; es decir, se acercaron poco a poco a Él, hasta dejarse dominar por él: "La serpiente dijo a la mujer: 'No es cierto que morirán. Es que Dios sabe muy bien que el día en que coman (del fruto de este árbol) se les abrirán a ustedes los ojos; entonces ustedes serán como dioses y conocerán lo que es bueno y lo que lo es'". (Génesis 3, 4-5)

¿Dios nos perdona pese a que cometamos el mismo pecado?

Paulina

Dice el Papa Francisco que primero nosotros nos cansaremos de pedir perdón que Dios de perdonar. Dios es misericordioso y nos perdona cada vez que venimos a Él con un corazón arrepentido y deseoso de un verdadero propósito de enmienda; es decir, de un verdadero cambio. Porque Dios nos ama al extremo—(Juan 3, 16)—¡Dio a Su Hijo! Dios quiere que vivamos unidos a Él, haciendo Su voluntad, la cual está basada en ninguna otra cosa que en amor puro para cada uno de nosotros. ¿Por qué Dios quiere que dejemos de pecar y que vivamos hacienda Su Voluntad? Porque Él bien sabe que solo Él nos puede hacer verdaderamente feliz. Que solo Él puede satisfacer nuestras ansias de felicidad. Que solo Él puede llenar el vacío que tenemos todos por dentro.

Tanto amó
Dios al mundo
que dio a su único hijo...
(Juan 3, 16)

¿Cuál es la importancia del ayuno eucarístico de 30 minutos antes de la eucaristía?

Betsy

Escribía San Agustín: "Cuando por primera vez los Apóstoles recibieron la Eucaristía, no la recibieron en ayunas. Sin embargo, no hay que acusar por esto a la Iglesia Universal, en la que la Eucaristía se recibe siempre y sólo por quien está en ayunas. Le complace al Espíritu Santo que, por reverencia ante tan grande Sacramento, en la boca del cristiano entre primero el Cuerpo del Señor que cualquier otro alimento". Está claro cuál es el motivo del ayuno: por respeto hacia el Cuerpo del Señor. Se trata de disponerse a este encuentro con Cristo no sólo desde el punto de vista espiritual, sino también material. Es toda la persona la que se dispone a entrar en comunión con el Señor, para dejarse transformar por Él. No se trata por tanto de observar una norma, sino de darnos cuenta de este gran don que vamos a recibir. (Juan 6, 55-56)

¿Porque Dios escogió a Israel como su pueblo elegido y no a Egipto?

María Isabel—Santiago, Chile

Porque era un pueblo insignificante. Dios escoge lo pequeño por dos razones: Primero: Porque él tiene un plan para cada persona, para cada situación y, si, para cada pueblo. Segundo: Dios nos enseña que, al fin y al cabo, lo importante no es la arcilla, sino que el importante es el alfarero, que, moldeando la arcilla a su manera, logra en sus manos, una obra de arte. Me gusta mucho el siguiente pasaje de la Santa Biblia que dice así: "Fíjense, hermanos, en su propia condición: cuantos de ustedes tienen el saber humano o son de familias nobles e influyentes?

Dios ha elegido lo que el mundo considera necio para avergonzar a los sabios, y ha tomado lo que es débil en este mundo para confundir lo que es fuerte. Dios ha elegido lo que es común y despreciado en este mundo, lo que es nada, para reducir a la nada lo que es. Y así ningún mortal podrá alabarse a sí mismo ante Dios". (1 Corintios 1, 26-29)

Así,
ningún mortal
podrá alabarse a si mismo...
(1 Corintios 1, 26-29)

Otro pasaje que mucho me gusta está tomado del profeta Isaías, el cual dice: "Los proyectos de ustedes no son los míos, y mis caminos no son los mismos de ustedes, dice Yavé. Así como el Cielo está muy alto por encima de la Tierra, así también mis caminos se elevan por encima de sus caminos y mis proyectos son muy superiores a los de ustedes". (Isaías 55, 8-9) Sin Dios, nada somos y nada podemos. Él es quien capacita a los incapacitados y nos asigna, según Su Voluntad, a una misión con miras al bien de la humanidad y de toda Su Creación.

¿Cuántas veces se puede comulgar en el día? Saludos,
Kevin

El Catecismo de la Iglesia Católica en el número 1388, nota 224, da una explicación de la Comisión Pontifica para la auténtica interpretación del Código de Derecho Canónico en la que se dice que «los fieles, en el mismo día, pueden recibir la Santísima Eucaristía sólo una segunda vez".

En el código, sin embargo, se les permite a los fieles la posibilidad de comulgar dos veces al día siempre que se participe en dos misas, como, por ejemplo, una, cuando vamos, a un funeral y recibimos la comunión en la Misa y después ese Sábado en la tarde vamos a la Misa de Vigilia del Domingo.

Padre, estoy en un dilema. ¿Puedo asistir a Misa o visitar el Santísimo si estoy viviendo con una persona (antes estuve casada, aunque ese matrimonio no fue consumado y estoy en proceso de anulación)? Una persona me dice que no puedo asistir a Misa ni a la oración con el Santísimo y eso me duele mucho. ¡Ayúdeme por favor!

Erika

A la Santa Eucaristía podemos y debemos de asistir todos, estemos en estado de Gracia o en pecado. Si bien es cierto que debemos de acercarnos al Señor cuando estamos en estado de Gracia y queremos mantenernos cerca de Él, también es muy cierto que cuando nos hemos descarriado y hemos pecado contra Él, debemos de cooperar con Él, acercándonos particularmente a la Santa Misa. Con esto no estoy diciendo que se reciba la Santa Comunión en pecado, ya que eso añadiría un pecado más a nuestra alma.

La Palabra de Dios dice lo siguiente: "Cada uno, pues, examine su conciencia y luego podrá comer el pan y beber de la copa. El que come y bebe indignamente, come y bebe su propia condenación".

No he venido
por los justos,
sino que por los pecadores...
(Lucas 5, 32)

(1 Corintios 11, 28-29) Lo que estoy diciendo es que, al ir a Misa le estamos diciendo al Señor de que queremos, un día, volver a participar del Santo Banquete, que es la Comunión. Ir a visitar el Santísimo es otra manera de acercarnos a Jesús, quien un día dijo: "No he venido por los justos, sino que por los pecadores". (Lucas 5, 32)

Tengo un familiar que es Sacerdote Anglicano. Dígame por favor si la Eucaristía y la comunión que ellos celebran es igual que la de la Iglesia Católica. ¿Cómo católica debo asistir a esa Iglesia? ¡Dios y la Virgen lo bendigan!

Laura

La Iglesia Anglicana se formó a finales de 1542 cuando el Rey Enrique VIII se separó de la Iglesia Católica y se declaró, así mismo, cabeza de la Iglesia Anglicana o Iglesia de Inglaterra. Desde ese entonces en adelante los obispos que continuaron ejerciendo en esta nueva iglesia, comenzaron a ordenar sacerdotes. Al principio los sacerdotes de la nueva iglesia continuaron administrando los mismos sacramentos que se administran en la Iglesia Católica, como la Misa o Sagrada Eucaristía. Es importante que estemos conscientes de que la Iglesia Católica no considera lícita la consagración del pan y el vino en la Iglesia Anglicana, ya que, en el presente, debido a la separación, no hay comunión (común unión) entre ellas. Por lo tanto y para concretizar sobre tu pregunta, debo decirte que, como católica, no debes asistir a la Eucaristía Anglicana, ni recibir ahí la comunión.

¿Cómo se embarazó María sin tener relaciones, ya que está científicamente comprobado que sin espermatozoides un óvulo no se puede fecundar? Por lo tanto, ¿le fue infiel a José? Así María no sería virgen.

Octavio

Esa misma pregunta le hizo nuestra Madre María al Ángel: "¿Cómo puede ser eso, si yo soy virgen"? (Lucas 1, 34)—Entonces, el Ángel le dijo: "El Espíritu Santo descenderá sobre ti y el poder del Altísimo te cubrirá con su sombra, por eso el niño santo que nacerá de ti será llamado Hijo de Dios. También tu parienta Isabel está esperando un hijo en su vejez, y aunque no podía tener familia, se encuentra ya en el sexto mes del embarazo, porque para Dios, nada es imposible". (Lucas 1, 35-37)

Bien sabemos lo que paso después. María, aunque, de seguro, no entiende todavía muy bien, toma la decisión de confiar plenamente en Dios. Por lo tanto, le dice al ángel: "Yo soy la esclava del Señor, hágase en mi tal como has dicho". (Lucas 1, 38)

Para Dios
nada es imposible...
(Lucas 1, 35-37)

Hola Padre, yo soy un joven muy cercano a la Iglesia y las preguntas que me hacen sobre la Biblia las sé contestar, menos una: ¿Por qué hay pecado mortal y pecado venial? ¿Es que acaso no son los dos pecados? ¿Qué dice la Biblia sobre estos pecados?

Daniel

No todos los pecados o los actos de desobediencia que hacemos tienen el mismo peso o la misma gravedad. Por ejemplo, si digo que fulano de tal tuvo relaciones sexuales con tal persona y no es cierto, estoy incurriendo en un pecado muy grave, porque estoy degradando la dignidad de dos personas que injustamente he calumniado. Por otra parte, si digo que me encontré una mariposa en el camino y, aunque no sea cierto y esté en desobediencia a Dios, porque no debemos mentir, no es un pecado grave. El pecado grave se le llama "mortal" porque mata la presencia de Dios en nosotros. Al pecar gravemente, le damos la espalda a Dios y la voluntad al mismo Satanás. Por otro lado, el pecado venial no mata la presencia de Dios en nosotros y, aunque hemos hecho mal al desobedecer a Dios, la falta se considera leve o venial. A eso

Toda maldad es pecado,
pero no es pecado
que lleva a la muerte...
(1 Juan 5, 16-17)

se refiere, precisamente, el apóstol San Juan al hacer la distinción entre una falta o pecado que lleva a la muerte u otra que, aunque la persona muera, no le lleva al infierno y por lo tanto se puede orar por esa alma para que pronto llegue al Cielo. Él dice: "Porque también hay un pecado que lleva a la muerte, y no pido oraciones en este caso. Toda maldad es pecado, pero no es necesariamente pecado que lleva a la muerte". (1 Juan 5, 16-17)

Con mi esposa tenemos una bebé de seis meses. Nos han dicho que es malo que una persona que vive en pecado alce (cargue) a la bebé porque le trasmite el espíritu que esa persona carga. Ayúdenos con esto, por favor.

Julio—Costa Rica

Si piensas así, entonces, ni ustedes mismos la pudieran cargar, ya que todos hemos pecado y todos nos hemos apartado de la gracia de Dios, ¿no es cierto? (Romanos 3, 23) La pregunta que te haría es la siguiente: ¿Está bautizada tu bebé? Si está y cada día ustedes se la entregan a Dios, entonces no tienen nada por que preocuparse. La Santa Biblia nos dice: "El que está en ustedes (Jesús) es más poderoso que el que está en el mundo" (Satanás). (1 Juan 4, 4)

Me gusta leer la Biblia con los Adventistas del Séptimo Día esperando al Dios del Antiguo y Nuevo Testamento. ¿Los Diez Mandamientos son todavía valederos? Yo creo en la eternidad de la Palabra de Dios y estoy seguro que no cambia. La Biblia dice que ni una tilde ni una jota serán quitadas o cambiarían de la Palabra de Dios. También dice el hombre no es Dios para cambiarla.

Daniel Sánchez

Que bueno que te guste estudiar la Santa Biblia, pero acuérdate que la Iglesia que recopiló y eligió los libros en ella, no sólo consideraba inspirados por Dios, sino que Palabra de Dios, fue la Iglesia a la que nuestro Señor Jesucristo prometió enviar al paráclito; es decir, al Espíritu Santo para esa Iglesia, establecida en la persona de Pedro y los demás Apóstoles, enseñará la Verdad, que, al fin y al cabo es la Verdad que viene a nosotros de parte del mismo Dios a través de Su Iglesia. Y esa es la Iglesia Católica.

Por lo tanto, la única que tiene autoridad para interpretar lo que contiene la Sagrada Escritura es la Iglesia. Estás en lo cierto cuando dices que no se puede cambiar ni una letra de lo que contiene la Sagrada Escritura, pero, sin embargo, Jesús nos enseña que debemos de mirar lo que está escrito pero no con la visión limitada que los religiosos judíos tenían de Dios, sino que con los ojos y el corazón de Jesús quien es la manifestación total y completa de quien es Dios.

Ejemplo de esto es en relación a "trabajar o no" el día sábado. (Marcos 2, 27) Yo te aconsejaría que buscaras una comunidad católica donde se estudie la Santa Biblia con un maestro que sepa lo que enseña y que sus enseñanzas estén de acuerdo con la Iglesia.

Le pido su consejo. ¿Cómo puedo sobrellevar mi matrimonio teniendo un esposo infiel? Amo a mi esposo, pero sus infidelidades me han decepcionado. En mi esposo amo al hombre noble, cariñoso, considerado, trabajador. Pero respecto la infidelidad es algo que he descubierto y comprobado. Realmente no quisiera perder mi hogar de casi 18 años. Estamos casados por la Iglesia. ¡Gracias por su consejo y orientación!

Anónima

Te has dejado irrespetar y tal parece como que has hecho muy poco para corregir la situación. Lo primero que yo haría en tu lugar, es buscar ayuda de un sacerdote de confianza que sea imparcial, pero que, al mismo tiempo, escuche lo que tú y tu esposo tienen que decir en relación al matrimonio de ustedes y a las infidelidades de tu esposo.

Segundo: Hay mucho que sanar entre ustedes dos. Necesitan sanación espiritual, pero también sicológica. De acuerdo con el sacerdote yo buscaría un buen consejero matrimonial, de ser posible, católico práctico, que les ayude a encontrar puntos de unión entre ustedes y así, poco a poco, poder lograr una relación matrimonial, como Dios manda. El tercer consejo que te daría es: No pienses que dejando las cosas como están, la situación se va a componer. Hay que tomar el toro por los cuernos y enfrentar la realidad. Mientras más rápido comiences, mejor resultados usted va a tener. Cuente con nuestras oraciones.

Jamás los mormones decimos que Jesús es Dios. Creemos en la Trinidad. Dices que el que cree en contra de la verdad es un apostata. Estamos de acuerdo, ustedes hace tiempo se apartaron de la verdad, le cambiaron el nombre a la Iglesia, bautizan no por arrepentimiento sino a niños. Amigo abra los ojos y vea la verdad, quizás en una de esas el Señor lo bendice y se casa con una linda mujer como Dios mandó en el principio del mundo.

Un abrazo, Juan Pablo Sánchez Cabrera

Ese es el problema básico, que ustedes no creen que Jesús es Dios. ¿Cómo van a creer en la Trinidad: Padre, Hijo y Espíritu Santo, si no creen que el Hijo (es decir, el Verbo) se hizo carne y habitó entre nosotros? (Juan 1, 14) La Santa Biblia continúa diciendo: "Juan dio testimonio de Él." ¿Qué Juan? Juan el Bautista. (Juan 1, 15) "Dijo muy fuerte: De É yo hablaba al decir: El que ha venido detrás de mi (Jesús) ya está delante de mí, porque era antes que yo". (Juan 1, 15)

¿Por qué Jesús estaba antes que Juan, cuándo Juan nació antes que Jesús?... Porque Jesús, es decir, la Segunda Persona de

¡Y el Verbo era Dios!...

(Juan 1, 1)

la Santísima Trinidad es desde siempre. Al comienzo del Evangelio de San Juan, la Palabra de Dios dice así: "En el principio era el Verbo y el Verbo estaba ante Dios ¡y el Verbo era Dios"! (Juan 1, 1) Y Jesús lo va a afirmar en varias ocasiones en los evangelios. Uno de estos momentos es cuando dice: "Yo y el Padre somos la misma cosa". (Juan 10, 30)

En relación a lo que dices del bautismo: El bautismo de arrepentimiento es el bautismo que Juan Bautista estaba impartiendo en el Jordán. Ese es el bautismo judío. El bautismo cristiano, sin embargo, es para recibir Espíritu Santo. De ahí, que Juan Bautista dice: "Yo los bautizo en el agua, y es el camino a la conversión. Pero después de mi viene uno con mucho más poder que yo. Yo ni siquiera merezco llevarle las sandalias. El los bautizará en el Espíritu Santo y el fuego". (Mateo 3, 11)

En nuestra parroquia se reformó todo, pero la verdad que a mí me parece muy suntuosa. Hay veces no puedo dormir porque me pongo a pensar cosas. He visto en internet los símbolos de la masonería y encontré un dibujo parecido al que está en la parroquia. Al Jesús en la Cruz se pintó en color oro. ¿Por qué se pintó así? En una oportunidad he hablado con el cura párroco explicándole mis preocupaciones, pero no me trató bien. ¿Qué me recomienda?

Lourdes

Dos cosas te recomiendo: Primero, asegúrate que el símbolo del cual estás hablando es en verdad un símbolo masónico. Puede ser un símbolo que aparece en la Biblia para, en alguna forma, referirse a Dios. Acuérdate que la masonería es una religión y que, de alguna manera, aunque muchas veces tergiversada toman parte del Antiguo Testamento para formular sus creencias.

En lo que se refiere a la suntuosidad del Templo, te pido que leas el libro del Éxodo 25, 1-39. Te darás cuenta que es el mismo Dios quien le dice a Moisés como quiere que el Templo

Lo mejor para Dios y con excelencia.

sea construido. Y Dios no quiere cualquier cosa en su templo. No, Él quiere lo mejor. ¿Por qué? Por dos razones: Primero, porque Él quiere enseñarnos que todo lo que hagamos por Él lo debemos de hacer con excelencia.

Él tiene que ser el más importante y el primero en todo. De esa manera, nos aseguramos de que no tengamos otros intereses, personas, situaciones o cosas, que lleguen a ser más importantes que Él. Segundo, porque Él merece siempre lo mejor. ¡Al fin y al cabo, Él es Dios!